Thomas Görnitz

Carl Friedrich von Weizsäcker

HERDER / SPEKTRUM

Band 4125

Das Buch

Carl Friedrich von Weizsäcker, der weltberühmte Naturwissenschaft-
ler, ist auch ein universeller Denker und prophetischer Kritiker unserer Zeit. Sein engster Mitarbeiter, der Physiker Thomas Görnitz, legt
hier erstmals eine gut verständliche und fesselnd geschriebene Einführung in Leben und Werk eines der einflußreichsten Denker an der
Schwelle zum dritten Jahrtausend vor. Hier kommt der „ganze" Weizsäcker ins Bild: als Mensch, als weltbekannter Forscher und als enga-
gierter Vorkämpfer für Frieden, Gerechtigkeit und die Bewahrung der
Schöpfung. Komplizierte Zusammenhänge werden auf spannende
Weise einleuchtend, Motive eines umfassenden Engagements werden
klar. Einheit der Wirklichkeit und Ganzheit kommen überzeugend in
den Blick. In Weizsäckers Biographie und in seinem Werk verbinden
sich die neuzeitlich häufig getrennten Bereiche von Wissenschaft, Religion und ethisch-politischem Engagement in einer konsequenten
und radikalen Weise. Er ist den Weg eines notwendigen Wandels unseres Bewußtseins in einer entschiedenen Weise vorausgegangen, die
ihn für viele zum Vorbild hat werden lassen. Dieses Buch ist eine
hommage an einen eindrucksvollen Menschen und die faszinierende
Einführung in modernes Denken.

Der Autor

Thomas Görnitz, Dr. rer. nat., arbeitete als theoretischer Physiker an
der Universität Leipzig. Nach mehrjähriger Tätigkeit als Totengräber
auf dem evangelischen Friedhof in Markranstädt konnte er mit seiner
Familie die Ausreise erkämpfen und siedelte im Jahre 1979 nach
München über. Seit dieser Zeit war er bis zu seinem Wechsel im Jahre
1992 an die TU in Braunschweig der persönliche Mitarbeiter Carl
Friedrich von Weizsäckers, mit dem ihn weiterhin eine gemeinsame
Forschungstätigkeit verbindet. In Herder/Spektrum von ihm herausgegeben: „Carl Friedrich von Weizsäcker. Die Sterne sind glühende
Gaskugeln und Gott ist gegenwärtig. Über Religion und Naturwissen-
schaft" (Band 4077).

Thomas Görnitz

Carl Friedrich von Weizsäcker

Ein Denker an der Schwelle
zum neuen Jahrtausend

Herder
Freiburg · Basel · Wien

Originalausgabe

Printed in Germany – Alle Rechte vorbehalten
© Verlag Herder Freiburg im Breisgau 1992
Herstellung: Freiburger Graphische Betriebe 1992
Umschlaggestaltung: Joseph Pölzelbauer
Umschlagbild: dpa
ISBN 3-451-04125-1

Inhalt

Vorwort

Das reiche Lebenswerk Carl Friedrich von Weizsäckers erstreckt sich von der physikalischen und philosophischen Forschung über Beiträge zu theologischen Fragen bis hin zu einem aktiven Einsatz bei der Bewältigung der drängenden Fragen unserer heutigen Welt. Eine große Zahl von Büchern zu diesem breiten Themenkreis gibt Zeugnis von seinem Denken und Handeln.

Der vorliegende Band möchte diesen großen Deutschen, der das Denken an der Schwelle zum neuen Jahrtausend wesentlich mitbestimmt hat, in einer zusammenfassenden Weise vorstellen. Sein Ziel ist es, dem Leser einen Überblick auch über diejenigen Teile des umfangreichen Werkes zu vermitteln, welche er vielleicht bisher noch nicht gelesen oder aber als zu schwierig betrachtet hat. Es ist somit eine seiner wesentlichen Absichten, Schwieriges, das von der *Sache her schwierig ist,* vereinfacht darzustellen. Es wendet sich daher in den einzelnen Passagen nicht an die Fachleute des jeweiligen Gebietes, weder an die für Physik noch an die für Philosophie oder Politik.

Der Aufbau des Buches steht unter zwei zentralen Thesen der Weizsäckerschen Philosophie: Jede Zerlegung eines Ganzen in Teile kann im besten Falle nur eine Annäherung an die Wahrheit sein. Andererseits: Sprechen können wir darüber nur, wenn wir es in Teile zerlegen, die durch unsere Begriffe erfaßt werden können. Eine Annäherung ans Ganze kann nur dadurch geschehen, daß wir uns im „Kreisgang" bewegend bemühen, dieses aus den verschiedensten Richtungen in den Blick zu bekommen. Deshalb wird das erfüllte, ganze, eine Leben durch Ausschnitte beschrieben, welche sich natürlich nicht in Strenge voneinander abgrenzen lassen. Fünf Themen sind dafür gewählt worden: *das Leben, die Forschung, das Denken, der Glaube und das Wirken.* Die Forschung meint die Physik und das Denken die Philosophie Weizsäckers. Während alle anderen Kapitel ohne Rücksichtnahme auf die Reihenfolge gelesen werden können, ist die Weizsäckersche Philosophie ohne den Hintergrund der Physik wohl kaum verstehbar.

Ich möchte Carl Friedrich von Weizsäcker an dieser Stelle sehr herzlich danken, daß er mir eine mehr als ein Jahrzehnt währende enge Zusammenarbeit mit ihren ungezählten Gesprächen ermöglicht hat, die unter anderem auch Voraussetzung für dieses Buch waren, welches ihm anläßlich seines 80. Geburtstages gewidmet werden soll.

Dank sagen möchte ich meiner Frau, meinen Söhnen und Töchtern sowie G. und S. Kreppold und E. Hora für die Unterstützung, die sie mir gegeben haben, sowie Herrn Dr. R. Walter vom Verlag Herder für seine Betreuung.

München, den 10. 2. 1992   *Thomas Görnitz*

1 Das Leben

Elternhaus und Vorfahren

Carl Friedrich von Weizsäcker wurde am 28. Juni des Jahres 1912 geboren. Sein Vater Ernst von Weizsäcker war seit 1900 Seeoffizier der kaiserlichen Marine, so daß die aus dem Württembergischen stammende Familie zu dieser Zeit an der Küste in Kiel und später in Wilhelmshaven wohnte. Dort kam er auch zur Schule. Nach dem verlorenen Krieg ging der Vater in den diplomatischen Dienst. Von seiner Mutter Marianne geborene v. Greavenitz berichtet er, daß diese lieber in einem sozialen Dienst anstatt als Diplomatenfrau tätig gewesen wäre. Besonders hebt er ihre Menschlichkeit hervor, die sich später, nach dem Tode ihres Mannes, in einer selbstüberfordernden Pflege der alten und kranken Mitglieder der Familie ausdrückte.

Seine Vorfahren, so beschreibt er es, waren ursprünglich Müller im Hohenloheschen, später gab es in der Familie Pfarrer, Gelehrte, Beamte und Offiziere.

Ein Urgroßvater, Carl Weizsäcker, verfaßte eine bemerkenswerte Übersetzung des Neuen Testamentes, er war Theologieprofessor in Tübingen. Carl Friedrich mag ihn sehr als einen liberalen Theologen, dessen wissenschaftliche Arbeit er hoch schätzt. Besonders lobt er an der Übersetzung des Neuen Testamentes den Umstand, daß er mit außergewöhnlichem Sprachgespür die Mehrdeutigkeit des griechischen Originals durch eine entsprechende Mehrdeutigkeit der deutschen Übersetzung wiedergegeben hat.

Sein Großvater väterlicherseits, der Jurist Carl Weizsäcker, der in den erblichen Adelsstand erhoben wurde, war – bis zur Abdankung des Königs im Gefolge der Revolution – der letzte königlich-württembergische Ministerpräsident gewesen. Die Familie seines Großvaters charakterisierte er einmal wie folgt [1]: „Die Familie, der mein Vater entstammte, war bismarckisch gesonnen, protestan-

---

[1] Bewußtseinswandel, S. 279.

tisch und rechtsstaatlich-liberal, im Liberalismus der Beamten, nicht der Demokraten."

Mit diesem Großvater machte er als Kind lange Spaziergänge in den Wäldern um Stuttgart, auf denen der Großvater manche seiner Einsichten und Erfahrungen dem Kind in einer ihm gemäßen Weise vermittelte. Der Großvater hatte als überzeugter Patriot den Krieg nicht gewollt und befürchtete schon bei seinem Ausbruch, daß Deutschland ihn verlieren würde[2]: „Dieser Krieg endet mit einer Revolution. Mein Vermögen ist verloren."

Carl Friedrich berichtet auch von langen Spaziergängen mit seinem Vater. Dabei unterhielt dieser sich mit dem Knaben über Politik und Geschichte, wofür jener schon frühzeitig ein besonderes Interesse zeigte.

Sein Onkel Viktor v. Weizsäcker, der Bruder seines Vaters, Arzt und der Begründer der psychosomatischen Medizin, war bedeutsam für die Entwicklung seiner philosophischen Ansichten. Der Begriff des Gestaltkreises wurde von ihm geprägt. Mit beeinflußt von Heideggers Denken, wird er in C. F. v. Weizsäckers Philosophie zum „Kreisgang" transformiert.

Ein anderer Onkel, Fritz v. Graevenitz, war Bildhauer und Maler. Er hat sicherlich großen Anteil an der offenen, wachen und nahen Beziehung Weizsäckers zur Kunst, dessen Definition von Kunst als „Wahrnehmung von Gestalt durch Schaffung von Gestalt" mit inspiriert ist durch den Einfluß dieses Onkels.

Er beschrieb einmal einen gemeinsamen Spaziergang mit diesem. Dabei meinte der Onkel, ein bestimmter Landschaftstyp, durch welchen sie gerade kamen, sei ein „Geschenk von Corot", da wir erst durch das Schaffen dieses Malers gelernt hätten, diese Landschaft so zu sehen.

Geschwister und Schulzeit

1920, nach dem Ende des Weltkrieges, ging der Vater Ernst v. Weizsäcker in den diplomatischen Dienst. Er wurde deutscher

---

[2] Bewußtseinswandel, S. 280.

Konsul in Basel. In diesem Jahr wurde nach seinem Bruder Heinrich und seiner Schwester Adelheid der jüngste Bruder Richard, der spätere Bundespräsident, geboren.

Sein Bruder Heinrich hatte Geschichte studieren wollen, war aber dann als Fünfzehnjähriger nach der Machtübernahme durch die Nazis zur Überzeugung gelangt, unter deren Herrschaft nicht als Historiker arbeiten zu können. Er wurde wie sein Vater Berufsoffizier und fiel am ersten Kriegstag 1939 in der Nähe von Danzig.

1925 wurde der Vater nach Kopenhagen versetzt. Dort besuchte Carl Friedrich die „sehr konservative" deutsche Petri-Realschule und lernte unter anderem auch Dänisch.

In Kopenhagen begegnete er zum ersten Male dem damals 25jährigen Werner Heisenberg, den seine Mutter auf einer Abendgesellschaft als Pianisten bewundert hatte und den sie dann auf Wunsch ihres Sohnes zu sich nach Hause eingeladen hat. Dies war für Carl Friedrich eine lebensentscheidende Bekanntschaft, die in eine lebenslange Freundschaft einmündete.

Im März 1927 mußte die Familie nach Berlin umziehen, da der Vater zum Leiter des Völkerbundreferats im Auswärtigen Amt ernannt worden war, das sich im wesentlichen mit Abrüstungsfragen zu befassen hatte. Aus den Erfahrungen seines Vaters in diesem Amt stammt die Überzeugung, daß die Hoffnung sehr gering ist, einmal installierte Waffen tatsächlich abzurüsten, solange sie noch als relevant betrachtet werden können: Nicht die Abrüstung ist der Weg zum Frieden, sondern ein Frieden, der auf Ausgleich und Vertrauen beruht, ist der Weg zur Abrüstung.

Der Vater wurde später Staatssekretär im Auswärtigen Amt, wo er versuchte, den Ausbruch des Krieges zu verhindern. Weizsäkker schreibt, er habe seinen Vater nie so verzweifelt gesehen wie im Sommer 1939, als dieser keine Möglichkeit mehr wußte, Hitlers Kriegswillen zu hemmen. Die Tragik im Leben seines Vaters hat Weizsäckers Leben tief geprägt.

Nach dem Abitur im Jahre 1929 begann dann das Studium der Physik, zu dem ihm Heisenberg so überzeugend geraten hatte.

Die wissenschaftliche Bedeutung Carl Friedrich von Weizsäckers liegt auf dem Gebiet der Physik und der Philosophie. Für beide Bereiche war die Prägung und Bereicherung durch Freundschaften ganz wesentlich. Für die Physik war dies die Freundschaft mit Werner Heisenberg und für die Philosophie die mit Georg Picht.

Georg Picht, den er, selbst zwölfjährig, als Elfjährigen kennenlernte, war bis zu dessen Tode nicht nur ein enger Freund, sondern auch derjenige, vom dem er auf philosophischem Gebiet die meisten Impulse erhalten hatte.

Die beiden hatten sich im Schwarzwald kennengelernt, einer Landschaft, der Picht auch später besonders verbunden war und wo er lange Zeit gewirkt und immer gelebt hat. Der Arzt hatte ihm wegen seines Asthmas die Höhenluft verordnet, so daß die Familie nach Hinterzarten gezogen war.

Georg Picht hatte alte Sprachen und auch bei Heidegger Philosophie studiert und lange als Altphilologe und Schulleiter an einer Internatsschule gearbeitet. Später war er, bis zu seinem Tode, Leiter der FEST, der renommierten Forschungsstelle der evangelischen Studiengemeinschaft in Heidelberg. Von seiner Veranlagung und Neigung her war Picht aber Philosoph. Weizsäcker beschreibt ihn als künstlerisch geprägt, musikalisch hochbegabt und ebenso von den großen Fragen umgetrieben wie er selbst. Beide ahnten und wußten um den Ehrgeiz und Machttrieb des anderen und haben sich offenbar gegenseitig geholfen, dies in gute Bahnen zu lenken.

Oft hat er davon erzählt, wie intensiv er sein ganzes Leben lang mit diesem Freund gesprochen hat. Das Wort „diskutieren" hätte in diesem Zusammenhang einen viel zu unpersönlichen Beiklang. Die räumliche Entfernung der Wohn- und Arbeitsorte wurde durch ausführliche Briefe überbrückt, die zum Teil auch später veröffentlicht worden sind. In Weizsäckers Büchern ist Pichts Einfluß an vielen Stellen sichtbar. So schreibt er einmal: „Mein Freund Georg Picht führte mich schrittweise in Kant, Platon, Aristoteles ein." Aber, so wird aus seinem Werk deutlich, auch von

Pichts Sichtweise auf andere Philosophen hat er viel Gewinn gezogen.

Zu einem Wendepunkt für Weizsäcker und zum Ausgangspunkt für sein ganzes späteres Engagement für die Überwindung des Krieges als Institution wurde ein Gespräch mit Picht, das im Februar oder März 1938 eine ganze Nacht lang währte. In ihm ging es um die Folgerungen, die aus der Möglichkeit des Baues von Atombomben zu ziehen waren. Die beiden jungen Wissenschaftler kamen damals zu einer Erkenntnis, die sich erst heute – und leider viel zu langsam – auch im allgemeinen gesellschaftlichen Bewußtsein ausbreitet. Sie begriffen damals, daß die Menschheit nach dieser Entdeckung nur die Wahl hat, entweder den Krieg als völkerrechtlich erlaubte Institution abzuschaffen oder unterzugehen.

Im 5. Kapitel wird ausführlich auf dieses Problem eingegangen werden.

Nicht nur die Vermittlung der Konzepte und Ansätze antiker und moderner Philosophen, sondern auch Pichts eigenes und eigenständiges Denken waren immer wieder für Weizsäcker wichtig. Die Auseinandersetzung mit einer Arbeit von Georg Picht über die Grundlagen der Logik war der Anstoß, die notwendigen Modifizierungen der Logik ernsthaft zu durchdenken, welche aus der Quantentheorie folgen und die ihm bis dahin nur als eine Ahnung präsent waren. Weizsäckers Arbeit über die zur Quantentheorie gehörende nichtklassische Logik mündete ein in seine so fruchtbaren Ideen über die Grundlagen der Quantentheorie, mit der sich das 2. Kapitel befassen wird.

Am stärksten hat mich eine Schilderung über die Freundschaft mit Picht aus der Selbstdarstellung Weizsäckers im Garten des Menschlichen bewegt. Es geht hier um eine der tiefsten Stellen seiner Philosophie: um den „transzendentalen Entwurf des endlichen Subjektes", um das Denken der Einheit, die mehr ist als die menschliche Gesellschaft, als menschliche Geschichte und die „hier als Einheit der Zeit" erscheint. Er schreibt dazu [3]:

---

[3] Der Garten des Menschlichen, S. 586.

„Auf diesem Wege habe ich, nicht immer auf derselben Seite des Baches, aber unterwegs zur selben Quelle, nur Georg Picht zum Begleiter gehabt."

Wie schon erwähnt, lernte Weizsäcker im Dezember 1926 in Kopenhagen Werner Heisenberg kennen, als dieser für fast zwei Jahre als Mitarbeiter bei Niels Bohr weilte.

Kurze Zeit später, die Familie war nach Berlin umgezogen, erhielt er eine Postkarte von Heisenberg mit dem Vorschlag, sich auf dessen Durchreise von Kopenhagen nach München zu treffen. Im Taxi zwischen dem Stettiner und dem Anhalter Bahnhof erzählte Heisenberg dem damals Vierzehnjährigen von der noch unveröffentlichten Unbestimmtheitsrelation, die den Eckstein der Quantentheorie darstellt. „Ich glaube, ich habe das Kausalgesetz widerlegt", sagte er dazu.

Die von der Quantentheorie eröffneten Denkmöglichkeiten haben Weizsäcker ein Leben lang fasziniert. Damals spürte er zum ersten Mal, daß sich neue Weisen des Denkens vorbereiteten, die man bisher nicht sehen konnte. Hier tat sich ein Weg aus der Enge einer deterministischen Philosophie auf, wie sie durch die klassische Physik dem vorigen Jahrhundert aufgeprägt worden war. Aber um von der Ahnung zum Wissen zu kommen, mußte die Quantentheorie verstanden sein. Der Weg zur Wissenschaft soll im übernächsten Abschnitt beschrieben werden, nachdem noch eine weitere zentrale Person für sein Leben vorgestellt wird – seine Ehefrau.

Die Ehe mit Gundalena Wille, die Kinder und Enkel

Seine spätere Ehefrau, die Historikerin Dr. Gundalena Wille, kam als junge Schweizer Journalistin nach der Machtergreifung Hitlers nach Deutschland. Sie wollte u. a. über den damals neu eingerichteten Arbeitsdienst berichten. Der Vater Carl Friedrichs, zu dieser Zeit deutscher Gesandter in der Schweiz, hatte ihr geraten, sich darüber von seinem Sohn aus dessen eigener Anschauung und Erfahrung informieren zu lassen.

Nachdem ihre erste Verabredung wegen der von Hitler inszenierten Ermordung Röhms und Schleichers nicht zustande gekommen war – als Journalistin war sie selbstverständlich in dieser Zeit in Berlin unabkömmlich –, konnte er sie doch eine kurze Zeit später, von Berlin kommend, auf dem Leipziger Hauptbahnhof begrüßen.

Er erzählte einmal, welch großen Eindruck sie sofort auf ihn gemacht hatte. Ihr Koffer war zuerst auf der Gepäckaufbewahrung abzugeben. Auf seine Frage, ob dieser abgeschlossen sei, antwortete sie ihm ganz unbefangen, daß sie immer gute Erfahrungen damit gemacht hätte, den Menschen nicht mit einem Vorschuß an Mißtrauen zu begegnen. Dieser Ausspruch charakterisiert sehr gut eine ihrer augenfälligsten Eigenschaften – die offene und den anderen Gutes unterstellende Art, mit Menschen umzugehen.

Bei dem ersten Treffen der beiden in Leipzig drehte sich das Gespräch fast nur um Politik, aber es blieb nicht bei diesem einen Besuch, 1937 heirateten sie.

Weizsäcker schrieb in seiner Selbstdarstellung über seine Frau, daß er „nicht weiß, wie er die Spannungen eines Lebens im Schatten der Politik von damals bis heute ohne sie ausgehalten hätte[4]".

Sie hat mit großer Umsicht und bemerkenswert unaufdringlich die Familie gut durch zum Teil sehr schwierige Zeitläufe gebracht. Sie sorgt bis heute für einen reibungslosen Ablauf des täglichen Familienlebens durch all die üblichen Schwierigkeiten, denen keiner entgeht. Sie regelt nicht nur den Haushalt mitsamt den vorkommenden handwerklichen Notwendigkeiten und die Finanzen, sondern ist auch bis heute der Chauffeur der Familie.

Auf eine diesbezügliche Frage gab es einmal die Antwort, daß diese Arbeitseinteilung für alle Familienmitglieder Vorteile hat. Zum einen ist es sicherlich eine Erfahrung vieler, daß man als Fahrer kaum Gefahr läuft, reisekrank zu werden. Andererseits hat man beim Selbstfahren schwerlich die Möglichkeit, gründlich über schwierige Probleme nachzudenken. Darüber hinaus ist zu vermuten, daß daran auch die spontanen Einstellungen und Neigungen der Eheleute zum handwerklich-technischen Bereich sichtbar werden.

---

[4] Der Garten des Menschlichen, S. 567.

Aus ihrer Ehe gingen vier Kinder hervor. In der Göttinger Zeit fuhren sie am Wochenende mit dem Rad in die Umgebung, der jüngste saß mit beim Vater. In Hamburg teilte neben den herangewachsenen Kindern auch der Kapuzineraffe „Bollatz" das Haus.

Von den vier Kindern hat sich zwar später keines dem Beruf des Vaters, der Physik, zugewandt, aber alle haben ein Fach studiert, welches den Forschungsinteressen des Vaters benachbart war. Ernst Ullrich, der zweite Sohn, der zwar doch mit der Physik begonnen hatte, wandte sich nach dem Diplom der Biologie zu. Der Älteste Carl Christian ist Nationalökonom geworden, die Tochter Elisabeth studierte Geschichte und Romanistik und promovierte wie ihre Mutter in Geschichte. Der Jüngste, Heinrich, ist Mathematiker geworden und lehrt Wahrscheinlichkeitstheorie.

Einer der Gründe für die auch im Alter noch so rege und ungebrochene Schaffenskraft Weizsäckers ist sicherlich auch in seiner Lebensweise zu sehen. Ein sehr früher Arbeitsbeginn, oft schon morgens vor fünf Uhr, wird verbunden mit einer möglichst regelmäßigen Mittagsruhe. Hinzu kommt eine bescheidene, aber gesunde Ernährung und – wenn es die vielen Pflichten erlauben – ein Aufenthalt auf seiner so geliebten Almhütte in Osttirol. Die reine Luft und der Aufenthalt in der noch ziemlich ungestörten Natur, 400 m über dem nächsten Telefon- oder Stromanschluß, sind ein wahrer Jungbrunnen.

Dort kann man ihn als sehr ausdauernden Bergwanderer bewundern. Eine Kostprobe davon erhielt ich schon zu Beginn meines ersten Besuches dort. Meine Frau und ich hatten das Glück, schon kurze Zeit nach unserer Übersiedlung aus dem Osten dort als Gäste weilen zu dürfen. Wir hatten uns zwar von den Strapazen der SED-Schikanen noch nicht wieder erholt, fühlten uns aber trotzdem nicht als schlappe Stubenhocker. Mit unserem Trabbi und den beiden kleinen Töchtern waren wir bis ins Dorf gefahren, wo wir vom Professor persönlich in Empfang genommen wurden. Er verstaute unser Gepäck auf einem Lift, welcher dann zum Entsetzen der Kinder, die als Flachländler so etwas noch nie gesehen hatten, mit allen Koffern nach oben entschwand. Dann ging es bergauf. Bald wurden die Kleinen müde und kamen in die Tragen, einige Zeit später fingen auch wir zu schwitzen an. Als wir langsam das Gefühl bekamen, nur noch mit Mühe weiter zu können, drehte sich unser Gastgeber um, selbst noch völlig frisch, und teilte uns in seiner liebenswürdigen Art mit, daß wir schon – ein Drittel! – des Weges geschafft hätten. Daß er dann bei diesem Aufstieg etwas langsamer als sonst üblich weiterstieg, war seiner Rücksichtnahme auf unsere Ungeübtheit zu danken.

Bei der „reinen" Bergsteigerei" wird er allerdings von seiner Frau noch übertroffen.

Was mich dort als Gast – auch bei vielen Arbeitsbesuchen – gefesselt und beeindruckt hat, ist die besonders auch für die Kinder befruchtende und fördernde Atmosphäre in der Familie. Einige der 16 Enkel sind meistens bei den Großeltern mit auf der Alm. An den stets interessanten Tischgesprächen sind auch die jüngeren selbstverständlich beteiligt und an den Abenden im Scheine der Petroleumlampe schließt sich niemand von den gemeinsamen Spielen oder dem Vorlesen aus. In klaren Nächten zeigt das Teleskop einen beeindruckenden Sternenhimmel und prachtvolle Bilder der großen Planeten.

1.2 Der wissenschaftliche Werdegang

Beginn der eigenen wissenschaftlichen Arbeit

Nach dem Abitur begann Weizsäcker mit 17 Jahren das Physikstudium in Berlin, um dann im Wintersemester 1929 zu Heisenberg nach Leipzig zu gehen. Im Jahre 1932 fuhr er zum ersten Male zusammen mit Heisenberg nach Kopenhagen zu Niels Bohr, der ihn überaus beeindruckte.

Seine erste wissenschaftliche Arbeit, die Heisenberg an ihn in Leipzig vergab, hatte das sogenannte Gammastrahlenmikroskop zum Gegenstand. In dieser Arbeit ging es um die „Ortsbestimmung von Elektronen". In ihr wurde zum ersten Male in der Geschichte der Physik beschrieben, wie die aus der bisherigen Physik bekannten Raum- und Zeitvorstellungen von der Quantentheorie gesprengt werden. Wir werden darauf im Kapitel 2 zurückkommen.

Im Mai 1933 beendete er seine Doktorarbeit aus der Atomphysik, die er bei Heisenberg geschrieben hatte, und ging dann ab September für mehrere Monate an Bohrs Institut nach Kopenhagen.

In dieser Zeit wohnte er im gleichen Haus mit Edward Teller, den er schon aus Leipzig kannte. Die Freundschaft der beiden hat die Wirren der Zeit und auch ihre politischen Differenzen um die Kernwaffenproblematik bis heute überdauert. Die beiden hatten ein Diskussionsspiel erfunden mit der Regel, daß zwar jeder behaupten konnte, was er wollte, daß aber nichts zurückgenommen werden durfte. Schluß war, wenn die These des anderen zugegeben wurde oder zugegeben werden mußte. Eine von Tellers Thesen war: „Schadenfreude ist die reinste Freude." Noch nach 50 Jahren meinte er zu seinem Freund, obwohl er damals nicht gewonnen hatte, habe er doch wohl damit recht behalten. Weizsäcker seinerseits hatte ihn dazu gebracht, zugeben zu müssen, daß „Strammstehen dionysisch" sei. Er hat einmal seine Strategie verraten: Der Kernpunkt des Polytheismus ist, daß die vielen Götter vollkommen verschiedene Interessen haben und einander Konkurrenten sind. Dies war für jemanden, der in einer absolut monotheistischen Kultur aufgewachsen war, kaum vorstellbar. Nachdem Teller die Behauptung zugegeben hatte, daß, was der eine Gott mag, auch dem anderen gefällt, hatte er praktisch schon verloren. Denn daß das Strammstehen dem Kriegsgott (Mars oder Ares) gefällt – also arisch ist –, konnte nicht geleugnet werden. – Wenige Zeit später, als unter den Nazis in Deutschland die Judenverfolgung massiv einsetzte, hätten die beiden über das, was arisch ist oder nicht, keine unbefangenen Späße mehr machen können.

In Kopenhagen stellte Weizsäcker die Arbeit über die Theorie der Energieausstrahlung bei Stößen von sehr schnellen Elektronen fertig, die später Weizsäcker-Williams-Formel genannt wurde. Er erzählt noch heute gern von der Entstehung seiner ersten großen Arbeit. Dem Leser soll die Beschreibung nicht vorenthalten werden, die er selbst davon in „Wahrnehmung der

21

Neuzeit [5] gegeben hat. Einmal, weil in diesem Stück seine große Verehrung, ja Liebe, zu Bohr zum Ausdruck kommt, und zum anderen, weil es wohl die schönste Schilderung davon ist, wie Wissenschaft gelehrt werden kann.

„Nach der Konferenz vom September 1933 blieb ich mehrere Monate in Kopenhagen ... Auf der Konferenz hatte der Engländer Williams eine Methode zur genäherten Berechnung von Streuquerschnitten bei hohen Energien vorgetragen. Es gab eine lange Diskussion mit Verbesserung der Williamsschen Methode, an der mehrere Leute teilnahmen, darunter auch ... ich. Alle anderen reisten ab und Bohr forderte mich auf, das Ergebnis der Diskussion in einer eigenen Arbeit zusammenzuschreiben ... Ich schrieb die Arbeit im Lauf einiger Wochen auf und gab sie in Bohrs Sekretariat ab. Bohr selbst war wenig zu sehen. Er war sehr angestrengt, oft außer Haus, wohl schon mit viel Regierungsberatung, und mit der unermüdlichen Fürsorge für deutsche Emigranten.

Nach vierzehn Tagen bekam ich einen Gesprächstermin bei ihm. Er kam verspätet, sah unendlich müde aus, zog die Arbeit heraus und sagte: ‚Oh, sehr sehr ... das ist ja eine sehr schöne Arbeit geworden ... ja, nun ist alles klar ... Ich hoffe, daß Sie sie bald veröffentlichen ...‘ Ich dachte: ‚Der arme Mann! Er hat sicher gar keine Zeit gehabt, die Arbeit zu lesen.‘ Er fuhr fort: ‚Nur um zu lernen: Was bedeutet eigentlich die Formel auf Seite 17?‘ Ich erklärte es. Er: ‚Ja, das verstehe ich. Dann muß aber die Fußnote auf Seite 14 folgendes bedeuten.‘ Ich: ‚Ja, das habe ich gemeint.‘ ‚Aber dann ...‘ und so ging es weiter, und er hatte alles gelesen. Eine Stunde verfloß, er wurde immer frischer, und ich kam einmal in eine Schwierigkeit der Erklärung. Nach zwei Stunden war er strahlend frisch, ganz bei der Sache, in vollem Eifer, und ich spürte meine Müdigkeit und daß ich in die Enge getrieben wurde. In der dritten Stunde aber sagte er triumphierend und zugleich ohne jeden bösen Willen: ‚Nun verstehe ich! Nun verstehe ich die Pointe. Die Pointe ist, daß alles ganz genau

---

[5] Wahrnehmung der Neuzeit, S. 143f.

umgekehrt ist, als Sie gesagt haben. Das ist die Pointe!' Und, mit gebührender Einschränkung des ‚alles', war es wohl so. Wenn man solche Erfahrungen mit seinem Lehrer ein paar mal gemacht hat, hat man etwas gelernt, was anders nicht zu lernen ist."

Kaiser-Wilhelm-Institut in Berlin

Nach seiner Doktorarbeit mußte sich Weizsäcker für ein Spezialgebiet innerhalb der Physik entscheiden. Das Neutron war gefunden worden, und er war dabei, als Heisenberg begann, damit die Struktur der Atomkerne zu erklären. Kernphysik war die modernste und aufregendste Sparte innerhalb der neuen Physik, und Weizsäcker beschloß, sich diesem Studium zu widmen und damit seinen Lebensunterhalt zu verdienen. In einem Interview sagte er einmal dazu [6]: „Wenn die menschliche Gesellschaft, vertreten durch den Staat, mir erlaubt, mein Leben lang ein vollkommen folgenloses Steckenpferd zu reiten, wie zum Beispiel die Kernphysik, dann will ich diese Kulturfinanzierung sehr gern annehmen. Denn mich interessierte das."

1936 war Weizsäcker für ein halbes Jahr Assistent der Physikerin Lise Meitner am Kaiser-Wilhelm-Institut für Chemie, das von Otto Hahn geleitet wurde. Sie war als Abteilungsleiterin für Berechnungen und die physikalischen Erklärungen der Ergebnisse zuständig. Weizsäcker vertrat auf dieser Stelle seinen Kollegen Max Delbrück, der sich dann bald, von der Quantentheorie herkommend, der Biologie – Molekularbiologie würden wir heute genauer dazu sagen – zugewendet hat. An diesem Institut bekam Weizsäcker engeren Kontakt zu Otto Hahn, der mit Fritz Straßmann über die Chemie der radioaktiven Elemente arbeitete. Die engen Beziehungen zu Heisenbergs Gruppe in Leipzig blieben auch weiterhin bestehen. Weizsäcker arbeitete in dieser Zeit über Atomkernprozesse in der Sonne, um deren Energieabstrahlung erklären zu können, und trug darüber in Leipzig vor. Diese Erklä-

---

[6] Bewußtseinswandel, S. 326.

rung war – in heutigen Worten – die Kernfusion. Bei dieser werden Wasserstoffatome in Helium umgewandelt, wobei sehr viel Energie freigesetzt wird. Hans Bethe in Amerika veröffentlichte ähnliche Überlegungen und erhielt dafür später allein den Nobelpreis.

Im Jahre 1936 habilitierte sich Weizsäcker in Leipzig mit einer Arbeit über Kernkräfte. Im Herbst dieses Jahres kam er an das Kaiser-Wilhelm-Institut für Physik in Berlin und wurde Dozent an der Berliner Universität. 1937 erschien sein erstes zusammenfassendes Fachbuch „Die Atomkerne".

Der „Uranverein"

Ende 1938 entdeckte Otto Hahn die Uranspaltung. Die Physiker waren bis dahin noch nicht auf die Idee des Zerplatzens der Atomkerne gekommen. Die Experimente ließen Hahn aber keinen anderen Ausweg für die Deutung, und so rief er eines Abends bei Weizsäcker an, um ihn nach seiner Meinung darüber zu fragen. Hahn hatte seine Ergebnisse an Lise Meitner nach Schweden übermittelt, wohin sie vor den Nazis hatte fliehen müssen, und diese machte dazu die ersten Rechnungen. Im Frühjahr 1939 entdeckte Jouliot Sekundärneutronen bei der Kernspaltung, und bald war es allen Mitgliedern der weltweit noch kleinen Gilde der Kernphysiker klar, was dies bedeutete: die Möglichkeit einer Kettenreaktion und damit von Kernenergie und Kernwaffen.

Die letzte Möglichkeit blieb natürlich auch den Physikern in der Wehrmacht nicht verborgen, und nachdem mit Hitlers Überfall auf Polen 1939 der Krieg begonnen hatte, erhielten die wichtigsten deutschen Kernphysiker den Einberufungsbefehl und wurden zum Heereswaffenamt dienstverpflichtet.

Diese Gruppe, die sich selbst der „Uranverein" nannte, begann zu erforschen, wie eine kontrollierte Kettenreaktion ablaufen kann. Es stellte sich schon bald heraus, daß mit den in Deutschland zur Verfügung stehenden technischen Mitteln der Bau einer Bombe in kurzer Zeit nicht möglich war. Hitlers Erlaß vom Sommer 1942, daß nur solche wehrtechnischen Projekte gefördert werden durften, die binnen eines halben Jahres zur Frontreife geführt werden könnten, enthob die deutschen Forscher des großen Problems, ob sie tatsächlich den Versuch beginnen sollten, Kernwaffen zu bauen. Denn daß dies in solch kurzer Zeit unmöglich war, war allen klar, die davon etwas verstanden.

Die Kernforschung wurde trotzdem während des Krieges nicht völlig eingestellt. Man versuchte, eine Uranmaschine – so nannte man damals in Deutschland den Kernreaktor – zu bauen und außerdem möglichst viele der jungen Physiker über den Krieg zu retten. Mit Weizsäckers Einsatz war es gelungen, daß anstelle von Diebner, der Mitglied der Nazipartei war, Heisenberg der Chef des Projektes wurde.

Heisenberg erreichte bei Freunden aus der Heeresleitung, die dem Widerstand angehörten, daß die Einberufung Weizsäckers im Jahre 1942 an die Ostfront rückgängig gemacht wurde. Er wurde dann Professor für theoretische Physik an der Universität in Straßburg, wo er bis zum Einmarsch der Amerikaner lehrte.

Professur für theoretische Physik in Straßburg

Als junger Professor mußte er nicht nur den Studenten, sondern auch den Kollegen der anderen Fachrichtungen über die damals noch als recht neu empfundene Quantentheorie Rede und Antwort stehen. Zur Beantwortung der manchmal sehr schwierigen Fragen hatte er für sich eine wirksame Methode gefunden. „Ich wußte, was Heisenberg für ein Gesicht machte, wenn ihm eine solche bestimmte Frage gestellt wurde. So bemühte ich mich, ebenfalls ein solches Gesicht zu machen. Die Empfindungen, die sich darauf einstellten, halfen mir zu finden, wie ich zu antworten hatte. Die Zuhörer waren fast immer damit zufrieden."

Weizsäcker befaßte sich weiterhin mit Problemen der Kernphysik – dies war in dieser Zeit für die Mitglieder des Uranvereins auch eine Frage des Überlebens – aber darüber hinaus schon damals intensiv mit philosophischen Problemen, die mit der Interpretation der Quantentheorie und ihrem Verständnis überhaupt zusammenhängen. Im Jahre 1943 wurde dazu sein Buch „Zum Weltbild der Physik" zum ersten Male verlegt.

Seine alte Liebe seit seiner Jugendzeit war die Astronomie gewesen, und nach der Beschäftigung mit der Energieerzeugung in der Sonne folgten nun ab 1943 Arbeiten über die Entstehung des Planetensystems und über kosmologische Fragen.

Ebenso wie Weizsäcker befaßten sich auch andere Mitglieder des Uranvereins nicht nur mit Kernphysik, sondern ganz wesentlich auch mit vielen anderen Grundlagenfragen aus dem Umkreis der Quantentheorie. Heisenberg zum Beispiel arbeitete in dieser Zeit intensiv über Höhenstrahlung – eine Strahlung von energiereichen Teilchen, die aus dem Weltall auf die Erde treffen. In dieser Zeit konnten nur an ihnen Studien von Elementarteilchenprozessen mit sehr hohen Energien durchgeführt werden.

Als die Front näher kam, wurde Weizsäcker aus Straßburg evakuiert und ging nach Hechingen, wohin Heisenberg nach schweren Luftangriffen auf Berlin mit dem Rest des ausgebombten Instituts umgezogen war. Dicht daneben in Haigerloch versuchte man damals, in einer Felshöhle einen Natururanreaktor in Gang zu setzen.

Internierung in Farm Hall

Eine Stunde nachdem die Franzosen vorgerückt waren, nahm in Haigerloch eine amerikanisch-englische Militäreinheit gezielt Mitglieder des Uranvereins fest. Sie wurden nach einigen Zwischenstationen schließlich mit den an anderen Stellen Inhaftierten in England in Farm Hall interniert. Nach dem Abwurf der ersten Atombombe auf Hiroshima wurde den dort internierten deutschen Wissenschaftlern erst der Grund ihrer Festnahme klar. Sie hatten sich nicht vorstellen können, daß die Amerikaner mitten im Krieg die ungeheuren Mittel bereitstellen würden, die für die Entwicklung der Kernwaffen nötig war. Die Amerikaner hatten mehr als das Tausendfache an Menschen und Mitteln eingesetzt, als in Deutschland für die Kernforschung aufgebracht worden war.

Die Physiker in Farm Hall waren erschüttert über die Folgen einer Grundlagenforschung, mit deren Anwendung anfangs niemand rechnen konnte. In den Gesprächen wurde dort der Grundstein für die spätere Haltung der übergroßen Mehrheit der deutschen Kernphysiker gelegt: sich an der Entwicklung von Kernwaffen nicht zu beteiligen, was sie dann im Jahre 1957 mit der Göttinger Erklärung öffentlichkeitswirksam ausdrückten.

Max-Planck-Institut in Göttingen

Nach der Rückkehr aus der Internierung im Jahre 1946 wurde Weizsäcker Abteilungsleiter an dem von Heisenberg geleiteten Max-Planck-Institut für Physik in Göttingen. Hier verfolgte er weiterhin die Fragen nach der Entstehung des Planetensystems und arbeitete in diesem Zusammenhang über Turbulenz und Stoßwellen. Derartige physikalische Prozesse sind Ursachen für die Herausbildung von dichten Körpern aus den anfänglich strukturlosen Gas- und Staubmassen, aus welchen sich unser Planetensystem gebildet hat. Zwischen 1947 und 1954 erschienen dazu Arbeiten in den Fachzeitschriften.

Neben diesen Arbeiten aus der theoretischen Physik erschien 1948 die erste Auflage der „Geschichte der Natur". In den in diesem Buch publizierten Vorlesungen vor Studenten aller Fakultäten wurde die fundamentale Rolle der Zeit – gesehen auch als geschichtliches, d. h. einmaliges und unwiederholbares Geschehen – auch für den Bereich der Naturwissenschaften begründet.

Die erweiterte 7. Auflage vom „Weltbild der Physik" im Jahre 1957 enthält, als eine Reaktion auf eine Arbeit von Georg Picht, Überlegungen zur Bedeutung der Logik sowie, aus Anlaß des 70. Geburtstages von Niels Bohr, den Aufsatz „Komplementarität und Logik", in dem eine erste Darstellung der Ideen zu einer Quantentheorie der einfachen Alternative zu finden ist. Diese wurde später Theorie der Ur-Alternativen oder kurz Ur-Theorie genannt. An diese Arbeit schlossen im Jahre 1958 „Komplementarität und Logik II" und weiter, zusammen mit E. Scheibe und G. Süssmann, „Komplementarität und Logik III" an. In diesem Ansatz wird versucht, einen Aufbau der Physik zu entwickeln, der nicht primär auf Konzepten der klassischen Physik beruht.

Die Arbeit am Max-Planck-Institut für Physik in Göttingen wurde abgelöst durch eine Professur für Philosophie an der Universität in Hamburg, die Weizsäcker von 1957 bis 1969 innehatte.

Er hat die Zeit in Hamburg oft als die schönste seines Lebens bezeichnet, was nicht meinte, daß er immer leicht und sorgenfrei hätte leben können. So fiel in die Hamburger Zeit das Jahr 1968 mit der Studentenbewegung, deren Motive er achtete und deren Ziele er zum Teil auch befürwortete, deren Optimismus er aber aus eigener Einsicht nicht teilen konnte. Im gleichen Jahre wurde mit dem Einmarsch der Ostblocktruppen in die Tschechoslowakei schlagartig die Hohlheit und innere Schwäche des Sowjetsystems deutlich. Wegen dieser Schwäche sah Weizsäcker die große Gefahr eines Präventivkrieges der Sowjets, welcher der Westen kein rational einsehbares Verteidigungskonzept entgegenzusetzen hatte.

Aus der realen Gefahr der Möglichkeit eines Atomkrieges erwuchs ihm die innere Pflicht, mit seinen Mitarbeitern über Kriegsfolgen und Kriegsverhütung nachzudenken. Im Jahr 1970 wurde die gleichnamige Studie publiziert, die mit Horst Afheldt und anderen Wissenschaftlern im Rahmen einer Arbeitsgruppe der VDW, der Vereinigung deutscher Wissenschaftler, erstellt worden war.

Die naturphilosophischen Studien wurden weitergeführt und in zwei Büchern zusammengefaßt. 1964 erschien „Die Tragweite der Wissenschaft" und 1971 „Die Einheit der Natur".

Neben der Philosophie und den politischen Problemen nahm Weizsäcker sich aber immer noch Zeit, über die Grundlagen der Physik weiter zu arbeiten. Dazu gehörten auch regelmäßige Studienaufenthalte an Heisenbergs Institut in München. Zwei Arbeiten – zur Begründung der Quantentheorie und weitere Überlegungen zur Urtheorie – erschienen im Tagungsband einer Konferenz im Jahre 1968 zu diesem Thema: „The Copenhagen Interpretation" und „The unity of physics".

Direktor am Max-Planck-Institut zur Erforschung der
Lebensbedingungen der wissenschaftlich-technischen Welt
in Starnberg

Im Jahre 1967 wurde C. F. v. Weizsäcker von mehreren Seiten die Gründung eines Instituts nahegelegt, das sich mit allen Fragen befassen sollte, welche direkt oder indirekt mit den gefährlichen Konflikten dieser Zeit zusammenhingen: Er entschied sich dafür, die Gründung dieses Instituts im Rahmen der Max-Planck-Gesellschaft zu betreiben.

Aus der klaren Einsicht heraus, daß die Probleme unserer Welt *nicht* auf die simple Alternative Krieg oder Frieden reduzierbar sind, wurde schon im Titel der Neugründung auf die Vernetzung der Probleme hingewiesen: „Max-Planck-Institut zur Erforschung der Lebensbedingungen der wissenschaftlich-technischen Welt".

Die Neugründung sollte in den Münchener Raum gelegt werden. Dies bot auch die Chance, wieder mehr in der Nähe von Heisenbergs MPI für Physik zu arbeiten. Michael Drieschner, Physiker und Mitarbeiter Weizsäckers, der selbst aus Starnberg stammte, konnte dort die für das Institut notwendigen Räumlichkeiten organisieren, so daß 1970 das Institut zur Erforschung der „Lebensbedingungen in Starnberg", wie es die Mitarbeiter später manchmal scherzhaft nannten, gegründet werden konnte.

Im Institut entwickelten sich umfangreiche Aktivitäten, die von einer alternativen Verteidigungspolitik über weltwirtschaftliche Fragen bis hin zur Soziologie und zu Umweltfragen reichten. Es ist kennzeichnend für den Bewußtseinswandel in Deutschland, daß man noch fünf Jahre vorher – damals zu Recht – bei der VDW der Meinung war, daß man niemanden für Umweltfragen interessieren könnte und daher mit ihnen keine politische Wirkung zu erzielen sei.

Weizsäckers eigene Beiträge zur Arbeit des Instituts wurden in vier Sammelbänden publiziert: „Wege in der Gefahr" 1976, „Der Garten des Menschlichen" 1977, „Deutlichkeit" 1978, „Der bedrohte Friede" 1981.

Die physikalischen Interessen und die andauernden Aktivitäten des Chefs erlaubten an dieser doch recht politisch ausgerichteten Einrichtung auch weiterhin, daß sich eine kleine Gruppe von Physikern am Institut sogar mit reiner Grundlagenphysik befassen konnte. Im Zweijahresrhythmus wurde am Starnberger See, meist in Tutzing, eine internationale Tagung „Quantum Theory and the Structures of Time and Space" durchgeführt. In den sechs Tagungsbänden sind unter anderem auch weitere Arbeiten zur Ur-Theorie zu finden.

Kein noch so prominenter Chef kann verhindern, daß ein „Institut für unangenehme Fragestellungen" von vielen Verantwortlichen nicht unbedingt geliebt wird. So wurde die – juristisch absolut korrekte – Möglichkeit nicht ausgelassen, die Weizsäckersche Abteilung des Starnberger Instituts mit seiner Emeritierung zu schließen. Nur Dr. Afheldt war unkündbar und konnte in einem kleinen Rahmen weiterarbeiten. Als besonderes Entgegenkommen der Max-Planck-Gesellschaft wurde die – politisch irrelevante – Gruppe der Quantenphysiker, zu welcher der Verfasser 1979 gestoßen war, noch für weitere zwei Jahre bezahlt.

Der „Ruhestand"

Nach der Emeritierung im Sommer 1980 hatte Weizsäcker mehr Zeit für seine eigenen physikalischen Forschungen, die er mit großer Intensität weiterbetreibt. Nach der Auflösung der Physikergruppe gestaltete sich die Finanzierung der Forschungsarbeit allerdings zunehmend schwieriger, so daß nur ich bis Anfang 1992 als einziger Mitarbeiter mit ihm ständig weiterarbeiten konnte.

Eine Zwischenbilanz der Arbeiten an den Grundlagenfragen der Physik und an der Ur-Theorie wurde 1985 mit seiner Monographie „Aufbau der Physik" gezogen.

Auch ohne das Institut blieb Weizsäcker ein homo politicus, der sich mit dem Buch „Wahrnehmung der Neuzeit" zu Fragen der Zeit an die Öffentlichkeit wandte.

Nachdem ihn der evangelische Kirchentag um einen Appell für eine „Weltkonferenz der Kirchen für Frieden, Gerechtigkeit und die Bewahrung der Schöpfung" gebeten hatte, begann er mit sehr großem persönlichem Einsatz, sich um deren Zustandekommen zu bemühen. Mit dem 1986 erschienenen Buch „Die Zeit drängt", das in viele Sprachen übersetzt wurde, zeigt er auf, welche Probleme eine solche Konferenz und darüber hinaus die Weltchristenheit zu lösen hat. Die gleiche Problematik wird in „Bewußtseinswandel" für eine nicht speziell christliche Leserschaft dargestellt.

Trotz der großen zeitlichen Belastungen geht die Weiterarbeit an der Ur-Theorie voran. Eine Anzahl von englischen Artikeln dazu erschien in den letzten Jahren in Fachzeitschriften und Tagungsbänden.

Das lange geplante und auch im „Aufbau der Physik" schon in den Verweisungen auftauchende philosophische Hauptwerk „Zeit und Wissen" erscheint 1992. Der 1991 publizierte Vorausband – „Der Mensch in seiner Geschichte" – gibt in kompakter Form einen geschlossenen Überblick über den ganzen Bereich von Weizsäckers Philosophie. „Zeit und Wissen" selbst besteht aus zwei Bänden, von denen der erste sich vertiefend mit den in „Der Mensch in seiner Geschichte" anklingenden Bereichen der Philosophie befaßt. Der zweite Band stellt eine ergänzende Sammlung von Arbeiten zu speziellen Einzelthemen dar.

Die weitere Planung sieht mit einem englischsprachigen Buch zur Interpretation der Quantentheorie wieder eine physikalische Arbeit vor.

2 Die Forschung

2.1 Die Revolution der Physik am Beginn unseres Jahrhunderts

Wenn man etwas über die Geschichte der Naturwissenschaften der Neuzeit hört oder liest, so kann man ziemlich sicher sein, dabei den Begriff von der „Revolution der Physik" am Beginn unseres Jahrhunderts zu finden.

Besteht dieser etwas seltsame Name zu Recht? Was hat es damit auf sich?

Im 19. Jahrhundert hatten die Naturwissenschaften große Fortschritte gemacht. Nachdem bis dahin viele der Naturphänomene nur beschrieben werden konnten, gelang es nun, immer mehr von ihnen auch mathematisch zu behandeln. In der Physik stellte man Theorien auf, welche mit wenigen Grundgleichungen ermöglichten, eine sehr große Zahl von Anwendungsfällen zu berechnen. Zu diesen Theorien, die heute als die „klassische Physik" bezeichnet werden, gehören die Mechanik, die Wärmelehre und die Elektrodynamik.

Die *Mechanik* ist die Wissenschaft von den Bewegungen der Körper unter dem Einfluß von Kräften. Sie war die erste mathematische Theorie der Physik und damit zum Vorbild für die anderen Gebiete geworden. Ihre Erfolge ließen es als wünschenswert und auch als möglich erscheinen, alle Wissenschaften nach ihrem Beispiel gedanklich zu durchdringen. Mit der *statistischen Mechanik* war dies für die *Wärmelehre* oder *„Thermodynamik"* weitgehend gelungen. Wenn man z.B. Gase als Ansammlung von ungeheuer vielen Atomen oder Molekülen versteht, so kann man mit diesen Mechanik betreiben. Allerdings ist es unmöglich, diese vielen Bestandteile jeweils einzeln zu beschreiben, weshalb über sie nur statistische Aussagen zu machen sind, daher der Name „statistische Mechanik". Mit ihrer Hilfe können dann viele thermische Eigenschaften von Gasen oder auch festen Körpern erklärt und berechnet werden.

Die *Elektrodynamik* hatte so verschiedene Erfahrungsbereiche wie den der Elektrizität, des Magnetismus und den des Lichtes mit einem einzigen Satz von Formeln erfaßt. Diese so erfolgreiche

Theorie widersetzte sich aber allen Versuchen, sie in ein mechanisches Bild einzupassen.

Relativitätstheorie

Aus der Auseinandersetzung der Physiker mit der Elektrodynamik erwuchs die wissenschaftliche Revolution, die unser gesamtes Weltbild veränderte, nämlich die Entdeckung und Entwicklung der *Relativitäts-* und die der *Quantentheorie.*

Die Relativitätstheorie, als deren Geburtsstunde von vielen das Erscheinen von Einsteins Arbeit „Zur Elektrodynamik bewegter Körper" angesehen wird, entwickelte sich aus dem Versuch, Mechanik und Elektrodynamik zusammenzupassen.

Kurz vor der Jahrhundertwende machten Michelson und Morley Versuche mit Bewegungen gegenüber Lichtstrahlen. Dabei mußten sie die absurd erscheinende Feststellung machen, daß für jeden Beobachter die Geschwindigkeit des Lichtes immer den gleichen Wert hat, dies unabhängig davon, ob er sich mit einer beliebigen Geschwindigkeit von der Lichtquelle weg oder auf diese zu bewegt. Die Analyse dieses experimentellen Ergebnisses führte zu der Erkenntnis, daß es eine größte Geschwindigkeit gibt, mit der Energie oder Information übertragen werden kann, nämlich die des Lichtes. Eine Addition einer weiteren Geschwindigkeit zu dieser größten kann diese also nicht weiter vergrößern.

Aus den Untersuchungen ergab sich, daß als Konsequenz daraus unser tagtäglicher Begriff von *Gleichzeitigkeit* vollkommen abgeändert werden mußte. So wird von der speziellen Relativitätstheorie für verschiedene Beobachter, die sich zu einer bestimmten Zeit sogar am gleichen Ort befinden dürfen, eine unseren normalen Vorstellungen vollkommen widersprechende Möglichkeit aufgezeigt. Dieselben zwei Ergebnisse können von dem einem als gleichzeitig beschrieben werden und vom anderen als zu verschiedenen Zeitpunkten stattfinden. Diese mögliche Verschiedenheit hängt vom Unterschied im Bewegungszustand der Beobachter ab und gilt auch nur für solche Ereignisse, für welche keine gegenseitigen Wirkungen zwischen diesen und den Beobachtern in ihrem gegenwärtigen Zustand vonstatten gehen können.

Worauf in populären Darstellungen oft weniger deutlich hingewiesen wird, ist die Tatsache, daß für jeden einzelnen Beobachter der Unterschied von Vergangenheit und Zukunft so fundamental bleibt, wie wir ihn an uns selbst seit eh und je kennen. Alles das, was jetzt auf uns Wirkungen ausüben kann, gehört zu unserer jetzigen Vergangenheit. Alles, worauf wir jetzt Einfluß nehmen können, ist unsere jetzige Zukunft. Beides hängt nicht von unseren möglichen verschiedenen Bewegungszuständen ab.

Die Relativitätstheorie erlebte schon bald nach ihrer Veröffentlichung einen enormen Aufschwung im breiten Publikumsinteresse. Sie hat Erscheinungen zur Folge, die sich leicht anschaulich formulieren lassen und in ihren Konsequenzen unserer Lebenserfahrung total widersprechen. Das Zwillingsparadoxon z. B. besagt, daß Zwillinge in Abhängigkeit von ihrem Bewegungszustand unterschiedlich schnell altern werden. Als hypothetisches Beispiel wird ein Raumfahrer genommen, der nach der Rückkehr von seiner Reise jünger ist als sein auf der Erde verbliebener Bruder. Diese theoretischen Vorhersagen sind übrigens an schnellfliegenden Elementarteilchen und mit Atomuhren bei Flügen experimentell vollauf bestätigt worden.

Quantentheorie

Die andere große Umwälzung in der Physik am Anfang unseres Jahrhunderts bedeutete die Aufstellung der Quantenhypothese durch Planck, die später zur Quantentheorie führte. Ihre Konsequenzen sind noch bedeutsamer als die der Relativitätstheorie.

Max Planck untersuchte theoretisch das Wärmeverhalten von Lichtstrahlung – er versuchte, die Elektrodynamik mit der Thermodynamik zu verbinden.

Die Elektrodynamik, die Theorie des elektromagnetischen Feldes, ist eine Theorie für ein kontinuierliches Medium. Dies bedeutet, daß sie die Werte des Feldes für jeden Raumpunkt zu jeder Zeit beschreibt. Die Koordinatenpunkte werden als reelle Zahlen verstanden, d. h., in jedem Gebiet gibt es unendlich viele von ihnen. Die Einstellmöglichkeiten des Feldes an diesen unendlich vielen Punkten bedeuten auch unendlich viele Freiheitsgrade für das Feld.

Die Elektrodynamik war die erste so gute Theorie eines kontinuierlichen Mediums, daß mit ihr geprüft werden konnte, ob Theorie und Experiment bezüglich des thermodynamischen Verhaltens übereinstimmten. Die fundamentale Aussage der Thermodynamik ist, daß im Zustand des thermodynamischen Gleichgewichtes auf jeden Freiheitsgrad des Systems ein gleicher Anteil der Gesamtenergie aufgeteilt ist. In Experimenten hatte man Lichtstrahlung im thermischen Gleichgewicht hergestellt und diese vermessen. Die anfänglichen Versuche, die Experimente durch die Theorie zu beschreiben, schlugen fehl. Erst nachdem Planck das Wirkungsquantum entdeckt hatte, wurde eine genaue theoretische Behandlung möglich. Seine Entdeckung bedeutete, daß eine zutreffende Beschreibung eines thermodynamischen Gleichgewichtes für diese kontinuierlich vielen Freiheitsgrade der Strahlung im Rahmen der bisherigen Theorie gar nicht existieren konnte. Plancks Argumente treffen auf jede andere Kontinuumstheorie ebenfalls zu. Daraus folgt, daß eine klassische Kontinuumsphysik verbunden mit der Möglichkeit des thermodynamischen Gleichgewichts offenbar nicht konstruiert werden kann, ohne innere Widersprüche zu erzeugen.

Eine ähnliche Schwierigkeit wiederholte sich bei den Atomen, den Elementarbausteinen der Materie. Ohne die Existenz von Atomen bleibt die ganze Chemie unverstehbar, aber eine mögliche Struktur für die Atome war um die Jahrhundertwende im Rahmen der bekannten Physik nicht vorstellbar. Auf der Basis von Streuexperimenten hatte Rutherford ein Atommodell entworfen, das im wesentlichen einem verkleinerten Planetensystem entsprach. Es bestand aus einem schweren Kern im Zentrum sowie aus noch kleineren Elektronen, die auf elliptischen Bahnen um diesen Kern herumlaufen.

Solche Umlaufbewegungen kennen wir aus dem täglichen Leben. Wer von uns ist nicht schon einmal auf einem Karussell gefahren und hat dabei nicht die Kraft gespürt, die dabei auf uns ausgeübt wird?

Wenn sich bei einem Körper die Größe der Geschwindigkeit

ändert, oder wie bei der Kreisbahn die Richtung, so kann man daraus auf eine verursachende Kraft schließen. Für den Fall der Atome ist dies die elektrische Anziehungskraft zwischen dem elektrisch positiv geladenen Kern und den negativ geladenen Elektronen.

Das Atommodell von Rutherford war offenbar eine notwendige und unvermeidliche Konsequenz der Experimente. Niels Bohr erkannte, daß dieses richtige Modell aber von der klassischen Physik verboten wurde. Die Elektronen auf ihren Bahnen bewegen sich durch die Krafteinwirkung beschleunigt und müßten deshalb nach den Gesetzen der Elektrodynamik so lange Licht ausstrahlen, bis sie in den Kern hineingestürzt sein würden.

Den Ausweg lieferte auch in diesem Fall die Quantenhypothese. Diese bedeutete in ihrer Konsequenz den Verzicht auf eine klassische Kontinuumstheorie für die Atome. Im Falle der Wärmestrahlung hatte Plancks Quantenhypothese aus dem Kontinuum denkbarer möglicher Schwingungszustände eine diskrete Auswahl von tatsächlich erlaubten ausgesondert. Bei den Atomen forderte Bohr mit der Quantenhypothese, daß vom Kontinuum denkbarer Elektronenbahnen ebenfalls nur eine diskrete Auswahl aus diesen als erlaubte Bahnen vorkommen dürfen. Auf diesen ausgezeichneten Bahnen sollten dann die Elektronen umlaufen, ohne durch Abstrahlung Energie zu verlieren. (Man spricht von *diskreten* Größen, was hier, und auch sonst in der Mathematik, im ursprünglichen lateinischen Sinne „voneinander abgesondert" bedeuten soll, und nicht die heutige umgangssprachliche Verwendung mit der Meinung von „verschwiegen".)

Mit Hilfe dieser Quantenbedingung konnte Bohr die Stabilität der Atome erklären. Die Schärfe und die Lage der Wellenlängen der Spektrallinien, die die Atome glühender Gase ausstrahlen, konnten begründet werden. Mit dem von Bohr aufgestellten Atommodell begann es möglich zu werden, die chemischen Eigenschaften der Elemente zu verstehen.

Weshalb aber die Quantenhypothese als Zusatz zur klassischen Physik Geltung haben muß, das blieb völlig unklar.

Dieses Problem wurde dann in den zwanziger Jahren durch die Formulierung der *Quantenmechanik* durch Weizsäckers Lehrer

Werner Heisenberg und die Arbeiten von Schrödinger, Pauli, Dirac und vielen anderen einer Lösung nähergebracht. Damals wurde ein mathematischer Formalismus entwickelt, der die Quantenbedingungen *zur Folge* hatte und dessen Anwendung in immer mehr Gebieten der Physik bis heute unvergleichlich erfolgreich gewesen ist. Die Frage, ob wir aber verstehen können, warum die Quantentheorie so erfolgreich ist, ist bis heute unter Physikern und Philosophen umstritten. Ihr widmet sich ein wesentlicher Teil der wissenschaftlichen Aktivitäten Weizsäckers, worauf im Absatz 2.4 noch näher eingegangen wird.

2.2 Die Physik als Basis der Naturwissenschaften

Wenn wir uns und die Welt begreifen wollen, so werden wir nicht umhinkönnen zu versuchen, vor allem die Werkzeuge zu verstehen, mit denen wir an dieses Unterfangen herangehen. Zu diesen Werkzeugen gehören unbedingt die Naturwissenschaften. Sie versetzen uns in die Lage, den Teil der Wirklichkeit zu erfassen, welcher dem begrifflichen Denken zugänglich ist und der gemessen und klassifiziert werden kann. Damit wird dasjenige erkannt, was nicht vom einzelnen Menschen abhängig ist, sondern das, was jedermann so feststellen wird und muß.

Wir wollen einen Blick auf die Geschichte der Naturwissenschaften werfen. Die älteste unter ihnen ist wohl die Astronomie. Die Medizin ist sicherlich zu einem großen Teil ebenfalls Naturwissenschaft. Späterhin werden aber vor allem Biologie, Chemie und Physik zu ihnen gerechnet. Bis zur Etablierung der Quantentheorie standen alle diese Naturwissenschaften mehr nebeneinander, als daß sie in einer inneren Beziehung zueinander gesehen wurden. Dies änderte sich, als quantentheoretische Berechnungen der einfachsten Moleküle durchgeführt werden konnten. Von da ab war es nicht mehr weit bis zu der Formulierung:

„Chemie ist die Physik der Wechselwirkung der Elektronenhüllen der Atome miteinander."

Der hierbei manchmal verwendeten Terminus „nichts als" wurde bewußt ausgelassen. Es gibt bestimmte chemische Eigenschaften, die man nicht *explizit* als Eigenschaften von Lösungen der Schrödingergleichung, d. h. der quantentheoretischen Grundgleichung, beschreiben kann, sondern für welche man mit dem Wissen, daß eine solche Lösung vorliegt, spezielle neue Begriffsbildungen zu suchen hat. Das bedeutet, daß es *keinen* chemischen Effekt gibt, der nicht aus der Quantentheorie der Elektronenhülle folgt.

Damit ist vom Forschungs-*Gegenstand* her – nicht von den Methoden – die Physik zur Grundlage der Chemie geworden.

Nachdem die Chemie in ihren Grundsätzen durch die Quantentheorie verstanden wurde, war der Weg frei für ein analoges Verständnis der Biologie. Auch für deren Gebiet wird nicht behauptet werden können, Biologie sei „nichts als" Chemie und Physik spezieller Makromoleküle. Nach Weizsäcker ist auch der Brüllaffe eine Lösung der Schrödingergleichung, aber der Begriff z. B. des Säugetieres ist eine spezielle biologische Schöpfung, von der – jedenfalls bis heute – nicht zu sagen ist, wie sie quantentheoretisch zu formulieren wäre. Trotzdem zeigen die großen Erkenntnisfortschritte der Molekularbiologie, daß die prinzipiellen biologischen Gesetzmäßigkeiten durch die Chemie und die Physik begründet sind. Während Bohr der Meinung war, daß das Leben jenseits des Bereiches der Quantentheorie sei, ließen intensive Gespräche mit Biologen in den vierziger Jahren Weizsäcker zur Überzeugung gelangen, daß die Physik auch für die Biologie zur Grundlage für deren volles Verständnis geworden ist. Während die Quantentheorie der Großmoleküle, vor allem auch deren räumliche Untersuchung, schon viele wichtige Ergebnisse geliefert hat, ist die Untersuchung der Vorgänge, die mit der Komplexität der Systeme zusammenhängen, sicherlich bei weitem noch nicht zu einem Abschluß gekommen.

Die Evolution der Lebewesen ist ein historischer Prozeß, in dessen Entwicklung sich einzelne Verzweigungsschritte als nicht vorhersagbar erweisen könnten. Trotzdem gibt es keinen Grund, andere Grundgesetze als die der Physik und der Chemie hinter der Biologie zu vermuten. Somit ist auch für diese Naturwissenschaft die Physik zur Basis eines Verständnisses geworden.

Für die Astronomie war der Beginn einer physikalischen

Grundlegung historisch schon früh begonnen worden. Die Berechnung der Bahnen der Planeten und die Entdeckung von Neptun und Pluto aufgrund von Vorausberechnungen war *die* exemplarische Probe der Newtonschen Mechanik. Wenn dies von den Astronomen allerdings umgekehrt als astronomische Grundlegung der Physik verstanden werden möchte, so sollen dagegen keine Einwände erhoben werden. Der Gesichtspunkt nämlich, auf den es im jetzigen Zusammenhang ankommt, ist die Weiterentwicklung von der Astronomie hin zur Astrophysik. Mit ihr wurde der Weg frei von der bloßen Beschreibung der Himmelsphänomene hin zu einem wirklichen Verständnis der Vorgänge.

Die Energieerzeugungsprozesse im Inneren der Sterne erlauben Rückschlüsse auf ihre Entstehung, auf ihre Entwicklung und auf ihr Ende. Auch das Verständnis der Möglichkeit der Bildung von Planetensystemen und von deren Struktur sind mit der Astrophysik verbunden. Dazu hat Weizsäcker wichtige Arbeiten vorgelegt, in denen begonnen wurde, die damals neue Quantentheorie auf das Innere der Sterne anzuwenden.

2.3 *Arbeiten zur Kern- und Astrophysik*

Weizsäckers erste wissenschaftliche Veröffentlichung aus dem Jahre 1931 (damals mit den Vornamensinitialen K. F. gedruckt) behandelte das sogenannte „Gammastrahlenmikroskop". Die Arbeit war von Heisenberg ausgegeben und betreut worden und sollte untersuchen, ob die von ihm und Pauli entwickelte Theorie der Quantenelektrodynamik konsistent sei.

In dem von Weizsäcker beschriebenen Experiment ging es außerdem um eine weitere Prüfung der von Heisenberg entdeckten Unbestimmtheitsrelation, nach der ein Quantenteilchen nicht zugleich einen scharfen Ort und einen scharfen Impuls besitzen kann. In dem Gedankenexperiment wird ein Lichtquant an einem Elektron gestreut und über eine Optik auf eine photographische Platte gelenkt. Je nachdem, ob sich diese Platte in der Brenn- oder in der Bildebene des Mikroskops befindet, wird man entweder den Ort oder den Impuls (d. h. im wesentlichen die Geschwindigkeit) des Elektrons bestimmen können. Nach den Gesetzen der Quantentheorie können niemals beide zugleich scharfe Werte besitzen. Das Elektron mit scharfem Ort wird durch eine Kugelwelle beschrieben, die einen definierten Mittelpunkt besitzt, und ein Elektron mit einem scharfen Impuls durch eine ebene Welle, die eine definierte Geschwindigkeit hat. Die Auswahl zwischen Brenn- oder Bildebene könnte man sogar erst treffen, nachdem das Photon bereits durch die Linse gegangen ist. Dazu müßte nur die Photoplatte schnell genug an eine der beiden Stellen gebracht werden. Dadurch kann *nachträglich* entschieden werden, ob das Elektron bei dem Streuvorgang – obwohl dieser selbst offenbar längst vorüber zu sein scheint – einen scharfen Ort oder aber einen scharfen Impuls besessen hatte, ob es also als ebene oder als kugelförmige Welle durch das Mikroskop gelaufen war. Wir werden uns mit diesen Merkwürdigkeiten der Quantentheorie im 3. Kapitel noch ausführlicher befassen.

Nach der Dissertation 1933 folgte die im 1. Kapitel bereits erwähnte Arbeit „Ausstrahlung bei Stößen sehr schneller Elektronen". Der physikalische Gedanke bei dieser Arbeit, deren Ergebnis später als Weizsäcker-Williams-Formel bekannt wurde, bestand darin, das stoßende Elektron in einem mitbewegten Koordinatensystem zu betrachten, so daß es in diesem selbst ruhte und der Atomkern an ihm vorbeiflog. Dessen elektromagnetisches Feld konnte dann wie ein Strahlungsfeld behandelt werden, welches am Elektron gestreut wird. Hierbei wurde die Erzeugung von Elektron-Positron-Paaren und die Bremsstrahlung einer einheitlichen Behandlung unterzogen. Zur Erklärung dieses Paar-Erzeugungs-Effektes wird die damals noch sehr neue Theorie von Dirac über Teilchen und Antiteilchen benötigt. Paare von diesen können in reine Energie, d. h. Licht, zerstrahlen, aber auch aus Licht erzeugt werden. Die Bremsstrahlung ist die Ausstrahlung von Licht (genauer Röntgenstrahlen), das durch das Abbremsen von schnellen Elektronen beim Auftreffen auf ein Metall erzeugt wird.

Die bisher beschriebenen Arbeiten haben sich mit quantenmechanischen Problemen der Atomhülle befaßt. Die modernste Forschungsrichtung in diesen Jahren war aber die Kernphysik, der sich Weizsäcker nun verstärkt zugewendet hat. „Zur Theorie der Kernmassen" aus dem Jahre 1935 untersucht Folgerungen aus dem Tröpfchenmodell des Atomkerns, der in diesem Modell wie eine Flüssigkeit aus Protonen und Neutronen behandelt wird. Dabei werden sogenannte Austauschkräfte zwischen den Protonen und Neutronen und eine hypothetische Oberflächenspannung des Atomkerns betrachtet.

In der Habilitationsschrift von 1936 „über die Spinabhängigkeit der Kernkräfte" werden diese Untersuchungen fortgesetzt. In ihr wird versucht, die Fermische Theorie des Betazerfalls weiterzuentwickeln. Das ist die Theorie der Wechselwirkung zwischen allen damals bekannten Elementarteilchen Proton, Neutron, Elektron und Neutrino. Diese Theorie sollte zur Erklärung der Kernkraft zwischen Protonen und Neutronen herangezogen werden. Auch wird eine Wechselwirkung zwischen gleichartigen Teilchen erwogen. Die Forschungsergebnisse wurden später in der Monographie „Die Atomkerne" zusammengefaßt, die in der Fachwelt eine gute Aufnahme gefunden hat. Die Besprechung in der renommierten „Zeitschrift für Physik" durch den späteren Nobelpreisträger Max Delbrück sprach von einem wichtigen Buch mit der ersten theoretischen Darstellung der Kernphysik nach der Entdeckung des Neutrons, die sich aber nicht nur auf die Ergebnisse der „Leipziger Schule" um Heisenberg beschränkte. Und Arnold Sommerfeld, der Nestor der theoretischen und mathematischen Physik in Deutschland, begann eine Besprechung des 1943 erschienen Buches „Zum Weltbild der Physik" mit der Bemerkung, daß er, obwohl er auch diese naturphilosophische Bekenntnisschrift begrüße, die durchweg originell und wohl durchdacht sei, lieber eine zweite Auflage von Weizsäckers „Kernphysik" erhalten hätte.

Mit dem sich vertiefenden Verständnis der Zusammenhänge in den Atomkernen wurde es möglich, sich auch anderen als den rein kernphysikalischen Problemen zuzuwenden. Die alte Liebe zur Astronomie konnte mit den neuen Forschungsergebnissen kombiniert werden. Die Energieerzeugung in der Sonne war für die Physik noch immer ein ungelöstes Rätsel. In mehreren Arbeiten [1] wurden Reaktionsschemata dargestellt, mit denen der Wasserstoff der Sonne (und natürlich auch der anderen Fixsterne) in schwerere Elemente umgewandelt werden konnte. Dabei wurde gleichzeitig die Energieproduktion der Sterne erklärbar und eine mögliche Dauer für diese abschätzbar.

Weizsäcker schlägt mehrere Reaktionsschritte für den Aufbau der Wasserstoffisotope und des Heliums sowie einen Kreisprozeß mit Helium, Lithium und Wasserstoff vor. (Isotope sind Atomkerne, die sich nur in der Zahl der Neutronen unterscheiden. Aus der gleichen Anzahl der Protonen folgen die gleichen Atomhüllen und somit das gleiche chemische Verhalten.) In einer darauf folgenden Arbeit [2] wird ein weiterer Kreisprozeß vorgeschlagen, von dem wir heute annehmen, daß er in etwa die andere Hälfte der Sonnenenergie liefert. In diesem wird nach und nach aus Kohlenstoff durch die Anlagerung von insgesamt vier Wasserstoffkernen mit Zwischenstufen über Stickstoff und Sauerstoff wieder der Ausgangskohlenstoff und ein Heliumatom erzeugt.

Zum Beginn der vierziger Jahre begann Weizsäcker, sich mit der Entstehung des Planetensystems zu befassen. Den Anlaß dazu hat er einmal wie folgt erzählt:

Die Energieerzeugung in der Sonne war im Prinzip verstanden. Aus dem Modell folgte, daß dabei im wesentlichen Wasserstoff in Helium umgewandelt wurde. Wie die Astronomen bei ihren Beobachtungen an Hand des Sonnenspektrums bestätigen konnten, bilden beide Elemente auch den überwiegenden Teil der Sonnenmaterie.

Da Sonne und Erde wohl in demselben Prozeß entstanden waren, traten zwei deutsche Wissenschaftler mit der These auf den Plan, daß das Modell eines vor allem aus Eisen und Nickel bestehenden Erdkerns abgelöst werden sollte durch ein solches, in welchem dieser, wie die Sonne, ebenfalls aus Wasserstoff und Helium bestehen sollte.

---

[1] „Über Elementumwandlungen im Inneren der Sterne, I und II", in: Physikal. Zeitschr. *38* (1937) 176–191, *39* (1938) 633–646.
[2] „Kernumwandlung als Quelle der Sternenergie", Verhandl. der Deutsch. Phys. Ges., Reihe 3 (20) (1939) 2–4.

Daß das Modell falsch sein mußte, war klar. Aus wissenschafts-theoretischer Sicht, so Weizsäcker, ist es aber ein nahezu hoff-nungsloses Unterfangen, die Unmöglichkeit einer empirischen Theorie beweisen zu wollen. Durch geeignete Zusatzannahmen lassen sich in der Regel alle Falsifizierungsversuche aushebeln. Was man also tun sollte, ist die Konstruktion einer besseren und plausibleren Theorie.

So begann Weizsäcker über die Vorgänge zu arbeiten, die zur Entstehung des Sonnensystems mit all seinen Planeten geführt ha-ben mußte.

Der gasförmige Zustand der Sonne im Verbund mit ihrer Rota-tion und mit den energetischen Prozessen in ihrem Inneren soll-ten ausreichen, eine gute Durchmischung der Sonnenmaterie zu gewährleisten. Somit muß die an der Oberfläche beobachtete che-mische Zusammensetzung für den ganzen Stern gelten. Für die Planeten ist die Oberfläche erkennbar, und über den Durchmesser und die Masse ist die Dichte zu errechnen. Für sie ist die Zusam-mensetzung aus den Elementen verschieden von derjenigen der Sonne. Da aber das Sonnensystem sich doch wohl aus einer ein-heitlichen Gas- und Staubmasse gebildet hat, muß die Differen-zierung im Bildungsprozeß selbst stattgefunden haben.

Nachdem im Inneren dieses Urnebels der Zentralstern, unsere Sonne, zu strahlen begonnen hatte, wurden die Stoffe, die nicht kondensierten und somit gasförmig blieben, vom Sonnenwind weggeblasen. Die Temperaturen in der Umgebung der Sonne dürften damals etwa so wie auch heute gewesen sein. Damit wurde dort vor allem der Anteil an Wasserstoff und Helium ver-mindert. Die anderen Elemente konnten immer mehr verklum-pen. So konnte Weizsäcker die chemische Zusammensetzung der Planeten aus plausiblen Annahmen erklären, wodurch sich der obenerwähnte Wasserstoff-Helium-Kern der Erde „in Luft auflö-ste".

Mit einer komplizierten Abschätzung über die in der rotieren-den Gaswolke auftretenden Wirbel konnte Weizsäcker zeigen, daß daraus eine Verteilung der Planetenbahnen folgen mußte, welche in etwa der Titius-Bodeschen Regel für die Abstände der Planeten von der Sonne entsprach.

Für Weizsäckers Philosophie der Zeit grundlegend war die in den Annalen der Physik im Jahre 1939 erschienene Arbeit „Der zweite Hauptsatz und der Unterschied von Vergangenheit und Zukunft". Sie ist später auch in „Die Einheit der Natur" nachgedruckt worden. Er untersucht in ihr den Zeitbegriff und betrachtet die Weise, wie er in der Physik verwendet wird.

In den deterministischen Gesetzen der Physik tritt dieser Unterschied nicht auf. In allen Gesetzen, die von den Physikern gewöhnlich als fundamental bezeichnet werden, kann man von einem gegebenen Zeitpunkt aus gleich gut sowohl in die Vergangenheit wie in die Zukunft rechnen. Die Gleichungen werden nicht geändert, wenn in ihnen die „Zeitrichtung umgedreht" wird; sie sind „zeitumkehrinvariant".

Eine Richtung der Zeit wird in der Physik bisher lediglich durch den zweiten Hauptsatz der Thermodynamik ausgezeichnet, der zum Beispiel das Abkühlen eines warmen Behältnisses oder den Temperaturausgleich beim Vermischen zweier Flüssigkeiten mit verschiedener Temperatur beschreibt. In der statistischen Physik wird versucht, das thermische Verhalten von großen Systemen aus den Gesetzmäßigkeiten ihrer Elementarbestandteile abzuleiten, wobei deren Verhalten mit Hilfe der Wahrscheinlichkeitsrechnung erfaßt wird. Von einem gegebenen Zustand ausgehend, können wir im Verlauf der Entwicklung einen wahrscheinlicheren Zustand erwarten. Wenn der wahrscheinlichste Zustand bereits vorliegt, dann wird sich nichts mehr ändern können. Allerdings gibt es immer spontane Schwankungen, und die können eine Abweichung vom wahrscheinlichsten Zustand zur Folge haben. Dabei ist es unwahrscheinlich, daß diese Abweichung größer wird.

In seiner Arbeit weist Weizsäcker darauf hin, daß diese Ableitung nur dann schlüssig ist, wenn die Wahrscheinlichkeiten nur für die *zukünftigen* Ereignisse betrachtet werden. Die vergangenen müssen als Fakten aufgefaßt werden, die im Prinzip gewußt werden könnten und nicht wie die zukünftigen noch prinzipiell unbekannt sind. Auf die Vergangenheit soll somit auch nicht mit Wahrscheinlichkeit geschlossen werden. Von dieser besitzen wir Dokumente, von der Zukunft nicht.

Wir werden im Kapitel 3.4 die philosophische Seite des Problems der Zeit noch einmal betrachten.

In den Jahren nach dem Kriege in Göttingen wandte sich Weizsäckers Interesse immer mehr den Fragen zu, die mit dem prinzipiellen Deutungsproblemen der Quantentheorie zusammenhängen.

2.4 Die Deutung der Quantentheorie

Im ersten Abschnitt dieses Kapitels hatten wir die Quantentheorie als *die* grundlegende Theorie der modernen Physik und als die Basis für das Verständnis aller anderen Naturwissenschaften bezeichnet. Wenn diese These wahr ist, dann liegt es auf der Hand, wie wichtig es ist, die Quantentheorie auch inhaltlich so gut wie nur irgend möglich zu begreifen. So ist es verständlich, daß Weizsäckers wissenschaftliche Aktivitäten sich zu einem wesentlichen Teil bis heute auf die Probleme der Quantentheorie und ihrer Interpretation konzentrieren.

Wie man die Quantentheorie praktisch anwenden soll und wie man mit ihr arbeitet, dies ist unter Physikern kaum umstritten. Aber wie man verstehen kann, was man dabei eigentlich macht, darüber gehen die Meinungen sehr weit auseinander. Selbst unter Physikern gilt es nicht generell als Schande, dabei Ignoranz zu zeigen. So konnte man auf einer Physikertagung in Nashville/Tennessee Mitte der achtziger Jahre in der Sitzung der Theoretiker erleben, daß derjenige Physikprofessor die größte Zustimmung zu seinem Vortrag erhielt, dessen These – kurz gefaßt – darin bestand, daß er selbst die Quantentheorie nicht verstehe.

Daß hier ein echtes Problem liegt und nicht notwendig schlichtes Unvermögen, dies kann man aus der in den letzten Jahren wieder zunehmenden Zahl von Veröffentlichungen und Tagungen zu diesem Thema ersehen.

Im folgenden sollten die Gründe dargelegt werden, warum bis heute der Streit der Meinungen darüber anhält, wie diese Theorie zu interpretieren ist. Um das zu können, muß geklärt werden, wie die Quantentheorie strukturiert ist, und dann, worüber man streitet.

Was ist die Quantentheorie?

Der Gegenstand der Mechanik sind Körper und derjenige der Elektrodynamik elektromagnetische Felder, z. B. Radio- und Fernsehwellen. Wenn man die Wirkungen auf ein solches physikalisches Objekt kennt, dann kann man mit Hilfe der Gleichungen aus diesen Theorien aufgrund des gegenwärtigen Zustandes das zukünftige Verhalten berechnen.

Wenn man z. B. die Gravitationswirkung der Sonne und der Erde auf den Mond kennt und außerdem zu einem Zeitpunkt dessen Ort und seine Geschwindigkeit weiß, dann kann man seine Bahn für die Zukunft und die Vergangenheit berechnen. So kann man Sonnenfinsternisse, die Jahrtausende zurückliegen, exakt bestimmen. Der Vergleich mit der historischen Überlieferung zeigt, daß die Sonnenfinsternis zum berechneten Zeitpunkt tatsächlich stattgefunden hatte und somit der Mond zu diesem Zeitpunkt wirklich genau am berechneten Platz gewesen war.

Die Grundgleichung der Quantenmechanik, die zu Ehren ihres Entdeckers die Schrödingergleichung genannt wird, beschreibt das Verhalten der sogenannten Ψ-Funktion (Psi). Diese Funktion, die auch als „Wellenfunktion" bezeichnet wird, ist nun *nicht* ein mathematischer Ausdruck für einen *Körper* oder ein *Feld* wie in der klassischen Physik, sondern etwas anderes. Der Gleichung selbst sieht man dies nicht an, die mathematische Form ist nicht wesentlich verschieden von den Gleichungen, die z. B. für die Elektrodynamik gelten. Wie das Verhalten des elektrischen Feldes von den Gleichungen der Elektrodynamik bestimmt wird, so wird das Verhalten der Ψ-Funktion von der entsprechenden Gleichung der Quantentheorie, der sogenannten Schrödingergleichung, vollständig vorgeschrieben.

Der Unterschied liegt in der *Bedeutung* von Ψ. Die Ψ-Funktion beschreibt nicht das Quantenobjekt direkt, sondern sie gibt einen *Wahrscheinlichkeitskatalog* für dessen Verhaltensmöglichkeiten an.

Was meint Wahrscheinlichkeit?

Im täglichen Leben kennen wir auch Wahrscheinlichkeitsvorhersagen, z.B. aus dem Versicherungswesen. Daß jeder, der eine Lebensversicherung abschließt, irgendwann stirbt, ist klar. Wann ihn dies genau ereilt, das weiß auch die Versicherung nicht. Daß sie trotzdem recht gut vorhersagen kann, wann wieviel Prozent aus einer großen Zahl von Versicherten *nicht* zu Versicherungsfällen werden, das erkennen wir an den Bilanzen dieser Unternehmen. In diesem Fall wird also mit Statistik und Wahrscheinlichkeitsrechnung gearbeitet, weil man eine unzureichende Kenntnis des Einzelfalles hat.

Nun könnte man mit einigen Physikern auch tatsächlich denken, die Statistik in der Quantentheorie zeige, daß man dort ebenfalls eine unzureichende Kenntnis des Einzelfalles habe, die man bei entsprechender Bemühung verbessern könnte.

Wenn dies tatsächlich so einfach wäre, würden sich die Physiker und Philosophen nicht weiter mit diesem Thema befassen.

Die Quantentheorie ist erfunden worden, weil alle anderen bis dahin existierenden Theorien zu schlecht waren und zu ungenaue Vorhersagen machten. Die Quantentheorie ist die genaueste und beste Theorie, die es heute gibt. Ihre Vorhersagen sind unübertroffen gut. Weizsäcker hat es einmal das „Mehrwissen" genannt, welches die Quantentheorie gegenüber den klassischen Theorien auszeichnet. So ist die Quantentheorie in der Lage, Beziehungen zwischen Systemen zu berücksichtigen, die über die normalen Ursache-Mitwirkung-Beziehungen hinausreichen. Die Konsequenzen solcher Korrelationen sind Erscheinungen, die sich durch die klassische Physik in keinem Fall erklären lassen.

Wir wundern uns bei weiten noch nicht genug darüber, daß wir in den exakten Naturwissenschaften erst seit der Entdeckung der Quantentheorie die Möglichkeit haben, die Existenz und die Stabilität der Atome – und damit die Stabilität aller Materie überhaupt – tatsächlich *erklären* zu können. Diese Grunderfahrung der Stabilität von Materie nehmen wir ja normalerweise als völlig selbstverständlich hin.

Die Quantentheorie erlaubt aber darüber hinaus auch die Erklärung solcher – für uns neuen – Phänomene, wie zum Beispiel Suprafluidität und vor allem Supraleitung. Suprafluid ist extrem kaltes, flüssiges Helium, welches durch dünnste Röhren ohne Reibungswiderstand fließen kann. Supraleitung bezeichnet die Eigenschaft mancher Materialien, bei tiefen Temperaturen keinen elektrischen Widerstand zu haben, d. h. den elektrischen Strom ohne jeden Verlust leiten zu können. Die technische Anwendung davon beginnt sich auszuweiten.

All dies beruht auf Korrelationen, d. h. Wechselbeziehungen, die es nach den Gesetzen der klassischen Physik nicht geben kann. Diese gehen weit hinaus über die Ursache-Wirkung-Beziehungen, welche aus der klassischen Physik folgen. So ist die Quantentheorie in der Lage, Teile eines Systems auch dann noch als Teile eines Ganzen zu behandeln, wenn die Wechselwirkung zwischen ihnen abgeklungen ist. Solange ein System nicht durch äußere Störungen verändert wird, bleibt es ein Ganzes, wie weit im Raume seine Bestandteile auch auseinander gelaufen sein mögen. Dieses Wissen über solche – akausalen – Zusammenhänge drückt das Mehrwissen der Quantentheorie aus, es ergibt die im Vergleich zur klassischen Physik reichere Struktur dieser Theorie. Der erkenntnistheoretischen Seite dieser Erscheinung werden wir uns noch zuwenden.

Probleme

Wir hatten gesagt, daß die Ψ-Funktion nicht das Quantenobjekt direkt beschreibt, sondern einen *Wahrscheinlichkeitskatalog* für dessen Verhaltens*möglichkeiten* angibt. Und ferner, im Gegensatz dazu, daß der Mond genau an der Stelle zu finden ist, welche die aus der Theorie berechnete Ortsfunktion für ihn angibt. Hingegen wird man ein Teilchen, das als Quantenobjekt durch eine Ψ-Funktion beschrieben wird, bei einer Ortsmessung nur dort mit Sicherheit *nicht* finden können, wo die Ψ-Funktion den Wert Null hat. An allen anderen Stellen kann es *möglicherweise* gefunden werden. Und wenn man wiederholte Messungen der gleichen Situation durchführt, so wird man immer wieder einen anderen Wert für den Ort finden. Er ist also unbestimmt. Erst nach vielen Messungen stellt sich dann heraus, daß alle Orte miteinander so verteilt sind, wie es durch die Ψ-Funktion vorhergesagt wird.

Die Quantentheorie bedeutet aber nicht, daß man nichts mit Gewißheit wissen kann. Es gibt auch Zustände von Quantenobjekten, in welchen bestimmte physikalische Größen absolut scharfe Werte haben und diese auch beibehalten. Sie werden bei einer Messung dann auch mit Sicherheit diesen scharfen Wert genau aufzeigen. Sonst wären beispielsweise die Atomuhren mit ihrer dem Laien schwer vorstellbaren Genauigkeit undenkbar. (Als Nebenbemerkung sei noch angefügt, daß der Ort allerdings nicht zu den Größen gehört, für die es mögliche Ψ-Funktionen mit scharfen Werten gibt.)

Nach diesen Vorbemerkungen soll nun das eigentliche Problem verdeutlicht werden: Wenn ein Zustand vorliegt, in dem eine bestimmte physikalische Größe einen solchen scharfen Wert hat, dann gibt es stets andere physikalische Größen, die am betreffenden Objekt ebenfalls gemessen werden können und für die kein Meßergebnis mit Sicherheit vorhergesagt werden kann.

Außerdem – um die Verwirrung vollständig zu machen – kann folgendes eintreten: Man mißt diese zweite Größe und erhält für diese einen bestimmten Wert, der sich beim Nachmessen dann als scharf und unverändert erweist. Wird aber nun nochmals nach der ersten Größe gefragt, so ist deren Wert – jetzt nach der Messung der zweiten – nur noch mit einer gewissen Wahrscheinlichkeit vorherzusagen und der tatsächlich zu findende Meßwert ist unbestimmt geworden.

Was soll man hieraus lernen?

Erstens kann man sehen, daß eine Messung das gemessene Objekt so beeinflussen kann, daß es nach der Messung in einem anderen Zustand ist als vorher.

Zweitens: Messungen können gegeneinander unverträglich sein, so daß die Messung der einen Größe die vorangegangene Messung der anderen Größe „wertlos" macht. Die Physiker sprechen in diesem Fall von „nicht miteinander vertauschbaren" beobachtbaren Größen (Observablen).

Drittens wird die Vorstellung fraglich, daß alles, was prinzipiell irgendwann an einem Objekt gemessen werden kann, als „reale" Eigenschaft dem Objekt immer auch schon vorher zukommen muß.

Das Verständnis des Meßprozesses ist somit *die* zentrale Frage für die Interpretation der Quantentheorie.

Die Verhaltensmöglichkeiten des Quantenobjektes werden vollständig durch die Ψ-Funktion beschrieben. Dies gilt auch für seine Entwicklung in der Zeit, wenn keine Störungen an das System herangebracht werden. An einem solchen Quantenobjekt können Messungen durchgeführt werden. Die Messungen können, wenn Ψ bekannt ist, in zwei Klassen eingeteilt werden. Dieses Ψ ermöglicht für die erste Klasse von Messungen die Vorhersage *eines* scharfen Meßergebnisses. Für die zweite Klasse ermöglicht dieses Ψ eine Vorhersage von Wahrscheinlichkeiten für verschiedene Werte des Meßergebnisses. Bemerkt sei, daß die Einteilung der Messungen in diese Klassen von Ψ abhängt.

Macht man nun ein Experiment, das zur ersten Klasse gehört, so findet man das vorhergesagte Ergebnis mit Sicherheit. Bei einer Messung aus der zweiten Klasse findet man ebenfalls *ein* Ergebnis aus der Menge der möglichen Ergebnisse, aber welches, das liegt nicht mit Sicherheit fest.

Die Beschreibung des Quantenobjektes nach der Messung aus der ersten Klasse geschieht durch die bisherige Ψ-Funktion. Nach einer Messung aus der zweiten Klasse aber muß man eine *neue* Ψ-Funktion verwenden. Diese neue Funktion kann nicht mit Sicherheit vorherberechnet werden.

Während die Veränderung von Ψ innerhalb der Zeit durch die Gleichung der Quantentheorie (die obenerwähnte Schrödingergleichung) beschrieben wird, kann *diese* Änderung durch die Messung aus der zweiten Klasse, die ja auch in der Zeit geschieht, *nicht* durch die Gleichung der Quantentheorie beschrieben werden. Dieser Vorgang wird in der Fachsprache der Physiker als die „Reduktion des Wellenpaktes" bezeichnet und ist seit 60 Jahren Anlaß für notwendigen, aber auch überflüssigen Streit.

Wie kann man versuchen, das Geschilderte zu verstehen?

Eine ausführliche und tiefgründige Abhandlung darüber findet der interessierte Leser im „Aufbau der Physik"[3]. Hier soll versucht werden, eine vereinfachende Kurzfassung anzubieten.

Die Kopenhagener Interpretation

Nach langen Jahren der Forschung haben die Erfinder der Quantenmechanik unter der Führung von Niels Bohr eine Deutung vorgeschlagen, die heute als die „Kopenhagener Interpretation" bezeichnet wird. Weizsäcker bezeichnet sie als eine „Minimalsemantik" der Quantentheorie.

Was ist damit gemeint?

Semantik ist die Lehre von den Bedeutungen der Zeichen und der mit ihnen vorgenommenen Verknüpfungen und Operationen. Erst mit ihrer Hilfe werden mathematische Formeln zu sinnvoller Physik. Eine Minimalsemantik ist dann das wenigste an Bedeutung, was wir für eine Theorie benötigen, um sie überhaupt sinnvoll anwenden und verstehen zu können. Da es hierbei um *Bedeutung* geht, ist eine Ankopplung an die normale Sprache notwendig und unvermeidbar. Je nachdem, wieviel der „normalen" Sprache als selbstverständlich vorausgesetzt oder aber noch mit erklärt wird, wird eine solche Semantik verschiedenen Umfang haben. Sie ist also etwas, was sich naturgemäß einer starren Formalisierung widersetzt.

Dieser Mangel an Formalisierbarkeit ist einer der Gründe, welcher viele theoretische Physiker mit der Reduktion des Wellenpaktes unzufrieden sein läßt. Der andere Grund ist die Unterstellung, die Kopenhagener Interpretation sei nicht „realistisch". Man meint, daß diese Interpretation der Quantentheorie letztendlich die sehr seltsame Vorstellung zur Folge haben müßte, daß es ohne den Menschen keine Wirklichkeit geben würde. Richtig aber ist vielmehr, daß wir an der Quantentheorie wieder einmal deutlich sehen können, daß die *Beschreibung* der Wirklichkeit *durch uns* sehr wohl auch von uns und unserem Wissen abhängt.

In einem – stark vereinfachenden – Dialog soll versucht wer-

---

[3] Aufbau der Physik, vor allem Kapitel 11.

den, die Argumente zwischen einem Kopenhagener und seinem Gegner zu schildern:

G. Die Schrödingergleichung beschreibt die naturgesetzliche Änderung des Verhaltens von Quantenobjekten unter der Einwirkung von Einflüssen des Restes der Welt. Die Einflüsse von Meßgeräten sind nicht prinzipiell verschieden von anderen physikalischen Wirkungen, wieso sollen sie nicht ebenfalls durch die Schrödingergleichung beschrieben werden können?

K. Die Wellenfunktion beschreibt unsere Kenntnis über die Möglichkeiten des Verhaltens von Quantensystemen. Wenn wir nach einer Messung neue Kenntnis erhalten, dann brauchen wir uns nicht mehr mit den Möglichkeiten zufriedenzugeben, sondern können die volle Kenntnis bei der weiteren Beschreibung der Natur berücksichtigen.

G. Ich empfinde den Gedanken als absurd, daß von einer Kenntnisnahme durch Menschen das Geschehen in der Natur prinzipiell abhängig sein soll. Dies erinnert an die Spiele kleiner Kinder, die glauben, daß die anderen sie nicht sehen, wenn sie sich selbst die Augen zuhalten. Was beispielsweise war mit den Quantenobjekten los, bevor Menschen auf der Erde existierten?

K. Ich stimme vollkommen zu, daß die Idee absurd ist, daß all das, wovon wir keine Kenntnis haben, nicht existiert. Ich finde aber, daß es *nicht realistisch* ist, wenn Behauptungen über Sachverhalte aufgestellt werden, von denen wir noch nichts wissen. Realismus besteht in meinen Augen darin, daß ich annehme, daß die Dinge so sind, wie ich weiß, daß ich mich also nur in Ausnahmefällen – und nicht prinzipiell immer – täusche. Er besteht aber auch vor allem darin, daß ich vorsichtig bin mit Behauptungen über das, was jenseits meines Wissens liegt.

G: So zurückhaltend argumentieren die Kopenhagener aber in der Regel nicht. Zum Beispiel sagt Heisenberg, daß es wegen der Unbestimmtheitsrelation keine Bahn eines Teilchens *gibt,* und nicht, daß wir sie nur nicht kennen. Dagegen gibt es eine Version der Quantenmechanik, derzufolge es sehr wohl Teilchenbahnen gibt.

K. Ich kenne die Theorie verborgener Parameter und weiß, daß sie nicht im Widerspruch zur bekannten Quantentheorie steht, sofern diese Parameter nichtlokal sind. Dieses Beispiel zeigt recht gut, was mit *„Minimal*-Semantik" gemeint sein kann: Die Kopenhagener Deutung spricht von dem, was Menschen möglicherweise wissen können, nicht von dem, was vielleicht der liebe Gott wissen könnte. Wenn wir Annahmen machen über das, was wir nicht wissen und – falls die Quantentheorie richtig ist – auch nicht wissen können, dann können wir auch viel mehr behaupten. Da solche Behauptungen selbstverständlich auch nicht widerlegt werden können, kann man natürlich auch nicht wissen, daß sie falsch sind. Solche Zusatzannahmen, wie zum Beispiel im obigen Fall die Annahme der Existenz realer Kräfte mit äußerst merkwürdigen Eigenschaften, die vollkommen verschieden sind von allen bisher bekannten, gehen hinaus über das, was man als wenigstes behaupten muß, um die Experimente verstehen zu können.

G: Mit diesen, wie du es nennst, „Zusatzannahmen" kann ich aber meine bekannten Vorstellungen von Ort und Teilchen und Geschwindigkeit weiterhin benutzen. Und die Schwierigkeiten, die diese Vorstellungen mit der speziellen Relativitätstheorie bekommen, die stören mich nicht.

Mit diesem Bild wird die Vorstellung eines vollkommen determinierten Geschehens vereinbar, so daß kein Platz für solch unsichere Sachen wie „Wahrscheinlichkeitsgesetze" bleibt.

K: Die neue Freiheit des Denkens, die uns meiner Meinung nach die Quantentheorie eröffnet, ruft zu Recht Unsicherheit hervor. Der Verlust der Teilchenbahnen ist für uns heutige Menschen sicherlich genauso schwer akzeptabel wie für die Menschen im Mittelalter der Verlust der Himmelssphären bei der Ablösung des Ptolemäischen Weltbildes durch die körper- und wesenlosen „Kräfte" der Newtonschen Mechanik. Natürlich könnte man – zumal mit den heutigen Computern – ohne Mühe hinreichend viele solcher Sphären einführen, mit denen dann die Berechnungen für das Planetensystem ebenso gut und ebenso genau wie die mit der Mechanik wären. Aber hätten wir damit wirklich etwas gewonnen?

G: Also, die Sphären will ich nicht zurückhaben, aber die Teilchenbahnen möchte ich doch behalten!

K: Das steht dir frei! Aber wenn auch für uns die Existenz oder Nichtexistenz der Himmelssphären keine Bedeutung hat, so betrifft sie sehr wohl die Möglichkeit einer *einheitlichen* und einfachen Beschreibung solcher unterschiedlichen Erscheinungen wie die eines Ballwurfes auf der Erde und die des Mondumlaufes um die Erde durch eine einheitliche Theorie. In ähnlicher Weise kann zum Beispiel das sture Festhalten am Bahnbegriff ein neues und tieferes Verständnis von Raum und Zeit unmöglich machen.

Die Triestiner Theorie

Wir wollen unser fiktives Gespräch beenden und uns Weizsäckers neuem Ansatz zur Interpretation der Quantentheorie zuwenden. Bei aller Verehrung, ja Liebe zu Bohr bleibt er nicht bei dessen Interpretation stehen, sondern er geht in *einem* wesentlichen Schritt über Bohr hinaus. Bei Bohr ist eine Zweiteilung in den Quantenbereich und den klassischen Bereich gegeben. Bohr betont, daß die Ergebnisse einer Messung klassisch zu beschreiben seien, denn jeder beliebige Beobachter soll sich mit jedem anderen über ein Meßergebnis einigen können. Aus diesem Grunde ist es für Bohr selbstverständlich, daß der Beobachter ausdrücklich aus dem Gültigkeitsbereich der Quantentheorie ausgeschlossen wird.

Von Heisenberg stammt die Idee, daß der „Schnitt" zwischen beiden Bereichen verschiebbar ist, daß aber „der Beobachter", d. h. zumindest sein Bewußtsein, immer auf der anderen Seite – jenseits der Quantentheorie – zu verbleiben habe.

Seit mehr als einem halben Jahrhundert ist die Quantentheorie überaus erfolgreich. Nirgends wurde ein Grund für eine mögliche Nichtanwendbarkeit offenbar. Dies alles läßt die Annahme sinnvoll erscheinen, daß die Quantentheorie *universell* gültig ist, daß man also versuchen sollte, auch den Beobachter selbst in den Gültigkeitsbereich der Theorie einzubeziehen. *Weizsäckers Ansatz zur Deutung der Quantentheorie will genau dies leisten.* Die erste Veröffentlichung dazu wurde von ihm auf einer Tagung vorgestellt, die 1972 zu Ehren von Diracs Geburtstag in Triest stattfand. Deshalb wird sie von ihm später, zum Beispiel im Aufbau der Physik, als „Triestiner Theorie" bezeichnet[4]. Die Triestiner Theorie ist eine *Interpretation* der Theorie, keine neue Theorie. Was in der bisherigen Theorie berechnet werden kann, kann auch in ihr berechnet werden – und was bisher nicht berechenbar war, das wird es auch in ihr nicht sein. Sie will aber neu *sagen*, was wir unter den Rechenschritten *verstehen* dürfen, die wir tun.

Die Triestiner Theorie stellt den Versuch dar, die Quantentheorie so zu beschreiben, daß sie als universell gültig verstanden werden kann, sogar einschließlich des Beobachters und seines Bewußtseins und nicht nur mit seinem Gehirn.

Dies soll ermöglicht werden durch Weizsäckers Ansatz einer „abstrakten" Quantentheorie als einer Theorie über *empirisch entscheidbare isolierte Alternativen*. Für solche Alternativen ist es nicht notwendig, daß sie sich nur auf Materielles beziehen, auch über unsere Bewußtseinszustände können wir Alternativen aufstellen und nachprüfen. Die abstrakte Quantentheorie wird im nächsten Unterkapitel mitsamt den aus ihr zu ziehenden Folgerungen vorgestellt werden, jetzt soll die Interpretationsfrage noch weiter erläutert werden.

Weizsäcker führt in der Triestiner Interpretation den Begriff des *virtuellen Ereignisses* ein. Ein virtuelles Ereignis ist eines, das bei einer möglichen Nachprüfung gefunden werden kann, es ist also nicht unmöglich. Bildhaft könnte man sagen, das Quantenobjekt nimmt jeden ihm möglichen Zustand an – das wäre das „Ereignis" – und verläßt ihn *sofort* wieder – das wäre das „Virtuelle" daran. Der zweite Grundbegriff ist der des *Faktums*. Virtuelle Ereignisse können faktisch werden, das heißt, sie liegen dann wirklich vor und das System kann nicht sofort aus ihnen wieder heraus. Über den Mechanismus des *Faktisch-Werdens* – des Überganges von der virtuellen zur realen Existenz – wird nichts Allgemeines behauptet; es ist aber natürlich selbstverständlich, daß alle Beobachter dieselben Fakten finden werden, wenn sie nach ihnen schauen.

Dieser Interpretationsansatz vermeidet die scheinbare Sonder-

---

[4] Ebd. S. 606–612.

rolle der *Meß*-Wechselwirkung, welche sie, verglichen mit allen anderen Wechselwirkungen, in der Kopenhagener Interpretation hat. Und er vermeidet auch die scheinbare Sonderrolle des Menschen, die in ihr ursprünglich vorlag. Immer dann, wenn *geprüft* wird, welche Fakten vorliegen, ist kein Unterschied zu Bohr gegeben. Wenn eine solche Prüfung nicht erfolgt, so ist das Entstehen von Fakten in der Triestiner Theorie sehr wohl erlaubt, aber – mangels Kenntnis – leider nicht aufweisbar.

Wenn man sieht, daß es keine erkennbaren Gründe gibt, den mathematischen Formalismus der Quantentheorie zu ändern und ebenfalls keine, ihren Gültigkeitsbereich einzuschränken, d. h., sie nicht als universal zu denken, dann ist Weizsäckers Ansatz wohl derjenige, der unter Berücksichtigung dieser Umstände am geringsten von Bohrs Ansatz abweicht und der die philosophisch sparsamsten, d.h. *realistischsten* Zusatzannahmen macht.

Für den an der Physik besonders interessierten Leser sei kurz angemerkt, daß z.B. im englischsprachigen Raum die many-worlds-interpretation als Ansatz für eine universale Interpretation der Quantentheorie sehr beliebt ist. In ihr wird die gleichzeitige Existenz beliebig vieler paralleler Welten mit ebenso vielen Exemplaren von uns selbst behauptet. Dies ist erkennbar eine *sehr viel* weiter gehende Annahme, die aber trotzdem logisch unwiderlegbar – und natürlich auch unbeweisbar – ist.

Hoffentlich haben die kurzen Beschreibungen zeigen können, daß die Quantentheorie eine Änderung unserer Denkweise erfordert, welche ja bisher von der klassischen Physik geprägt worden ist. Wie Weizsäcker an vielen Stellen betont, ist das wesentlich Neue an ihr, daß die Physik mit der Quantentheorie beginnt, die Zerlegung der Wirklichkeit in lauter nicht zusammenhängende Teile zu überwinden. Wie man aus den akausalen Korrelationen (den obenerwähnten, die Kausalität übersteigenden Verbindungen) ersehen kann, ist die Quantentheorie die *Physik der Ganzheit*. Im dritten Kapitel werden wir noch ausführlicher auf die philosophischen Konsequenzen eingehen.

Wenn wir aus der Quantentheorie lernen, daß das „Ganze", die „Einheit des Gegenstandes der Physik" ein Merkmal des modernen Verständnisses dieser Wissenschaft geworden ist, dann ist es nicht überraschend, daß der für Weizsäcker wichtigste und zentralste Bereich seiner Forschung auf die gedankliche Durchdringung dieser Einheit der Physik zielt.

2.5 Der Weg zur Einheit der Physik

Klassische und quantisierte Theorien

Daß der Gegenstand der Physik – „die Natur" – mit all ihren Erscheinungen eine Einheit bildet, ist sicherlich für jeden nachvollziehbar. Schwieriger wird es, wenn diese Einheit in den physikalischen Theorien auch wieder zu finden sein soll. In der Geschichte der Physik sind bisher nur Theoriegebäude für bestimmte Teilbereiche dieser Erscheinungen errichtet worden. Es war dann jedesmal ein ganz besonderer Erkenntnisfortschritt, wenn es gelang, verschiedene Theorien zu vereinen. Ein bekanntes Beispiel hierfür war die Zusammenfassung der elektrischen, magnetischen und der optischen Phänomene in der Theorie der Elektrodynamik.

In der modernen Physik stehen bis heute zwei große Gebiete noch gedanklich unverbunden nebeneinander: zum einen die Quantentheorie und zum anderen die Theorie von Raum und Zeit, die „Allgemeine Relativitätstheorie". Die letztere ist seit Einstein aus der Newtonschen Gravitationstheorie entwickelt worden.

Die nichtquantentheoretischen Theorien werden in der Physik als die sogenannten *klassischen* Theorien bezeichnet. Für diese, zu denen beispielsweise die Einsteinsche gehört, ist charakteristisch, daß sie ganz wesentlich auf dem Begriff des *Kontinuums* aufbauen. „Die Natur macht keine Sprünge" ist die dazugehörige Losung; gemeint ist: Alles läßt sich in beliebig kleinen Schritten ändern, alles ist glatt, ohne Lücken.

Die für die Physiker so große Überraschung durch die Quantentheorie war das Auftreten von *diskreten* Werten, d. h. von Werten, die sich *nur* sprunghaft ändern können.

Es ist leicht einzusehen, daß zwei so verschiedene Konzepte wie

„diskret" und „kontinuierlich" („vereinzelt" – „zusammenhängend") nicht ohne weiteres zu vereinen sind. Für einen Teil der klassischen Theorien allerdings – wie z. B. für die Elektrodynamik – ist dies trotzdem bis heute so weit gelungen, daß nicht nur die Rechnungsergebnisse hervorragend mit den Experimenten übereinstimmen, sondern daß auch ein großer Teil der Physiker mit dem gefundenen Ansatz zufrieden ist. Die Einsteinsche Theorie jedoch hat sich bis heute weitgehend den Versuchen widersetzt, zu einer befriedigenden Verbindung mit der Quantentheorie zu gelangen. Ansätze dazu gibt es mehrere, doch keiner war bis jetzt wirklich durchschlagend erfolgreich.

Wenn man in der Physik mit solchen prinzipiellen Schwierigkeiten konfrontiert wird, kann man, um sie zu überwinden, zwischen zwei verschiedenen Möglichkeiten wählen. Die eine besteht darin, daß man neue mathematische Verfahren ausprobiert, dies in der Hoffnung, mit den neuen Methoden weiterzukommen. Die andere besteht im Versuch zu erkennen, weshalb diese Schwierigkeiten auftreten und vor allem, inwieweit sie von unseren eigenen bisherigen Vorurteilen verursacht sind. Hierbei geht es also im wesentlichen um die *Analyse der Begriffe,* mit welchen wir unsere wissenschaftlichen Erfahrungen beschreiben.

Der Weg zur Ur-Theorie

Weizsäcker hat sich der zweiten Möglichkeit, der Analyse der Begriffe, zugewandt und ein theoretisches Konzept entwickelt, welches er als die Quantentheorie der binären Alternative („ja/nein"-Entscheidung) der Ur-Alternative oder kurz als „Ur-Theorie" bezeichnet hat.

Im Kapitel 2.3 ist die Forschungsarbeit geschildert worden, mit der sich Weizsäcker frühzeitig seinen Ruf in den Fachkreisen der Physiker erworben hatte: die Prozesse der Energieerzeugung in der Sonne und das Modell für die Entwicklung des Sonnensystems aus einem ursprünglichen Gas- und Staubnebel. Seine bedeutendste wissenschaftliche Leistung aber ist die Ur-Theorie, die nun in Umrissen dargelegt werden soll.

Im vorhergehenden Unterkapitel über die Quantentheorie ist

darauf hingewiesen worden, daß die abstrakte Quantentheorie verstanden werden kann als eine allgemeine Theorie über isolierte, empirisch entscheidbare Alternativen. Aus dieser Formulierung ist erkennbar, daß es nicht notwendig ist, sich durch Vor-Aussagen über das Wesen des Raumes zu binden. So kann man hoffen, daß die *Quantenstruktur des Raumes* vielleicht aus dieser Theorie hergeleitet werden kann. Damit wäre sie nicht durch vorgefaßte Meinungen für die abzuleitende Theorie bereits festgelegt worden. Die Übereinstimmung von Ergebnissen der Ur-Theorie mit solchen der heute im Entstehen begriffenen Theorie der Quantengravitation kann ein entscheidendes Faktum für die Beurteilung des von Weizsäcker entworfenen Ansatzes sein. Dies auch deshalb, weil die Entwicklung von deren Konzepten erst Jahre später begonnen hatte.

Die Begründung der Ur-Theorie beginnt mit zwei Feststellungen. Die eine ist von erkenntnistheoretischer Art: Wir Menschen können stets nur *endliche Alternativen* prüfen und entscheiden. Selbstverständlich wird die mathematische Behandlung eines Problems oftmals wesentlich einfacher, wenn man anstelle von sehr großen Zahlen zum Grenzwert „unendlich" übergeht. Diese nützliche Möglichkeit wird keineswegs eingeschränkt, aber sie wird in einen neuen begrifflichen Rahmen gespannt. Die zweite Feststellung ist die neue Erfahrung der Quantentheorie, daß es „Prinzipiell-Diskretes" in der Natur gibt. Die Ur-Theorie geht nun von diesen beiden Gesichtspunkten aus und versucht, startend mit einem „diskreten Finitismus", die uns bekannte Physik herzuleiten. (Finitismus ist ein Prinzip, welches das Unendliche nur als nicht real existenten Grenzfall zuläßt.)

Wie kann man ein solches Programm beginnen?

Daß man jede beliebige Fragestellung lösen kann durch aufeinander folgende Fragen, welche nur „ja/nein"-Antworten besitzen, ist den Quizzuschauern aus dem Fernsehen wohl bekannt. In diesem logischen Sinne ist also die Ur-Theorie trivial, sie behauptet mit dieser Zerlegung in „ja/nein"-Fragen nichts Neues.

Die quantentheoretische Behandlung einer „ja/nein"-Alternative führt auf einen „zweidimensionalen komplexen Raum" (dies ist so etwas wie eine Ebene, die aber komplexe Zahlen als Koordination erlaubt). Für den, der mit der Mathematik der Quantentheorie vertraut ist, ist es ebenfalls trivial, daß jeder beliebige endlichdimensionale Zustandsraum in das Tensorprodukt von hinreichend vielen solcher zweidimensionalen Räume eingebettet werden kann (die anderen Leser müssen diese Behauptung leider schlicht glauben). Dieses mathematische Faktum bedeutet physikalisch, daß man in der Tat *beliebige* Quantenobjekte ohne weiteres als aus Uren zusammengesetzt auffassen darf. Quantensysteme, welche nicht aus dem Tensorprodukt von Uren konstruierbar wären, sind zwar mathematisch definierbar, treten aber als *physikalische* Möglichkeiten in der Quantenfeldtheorie – wo der Begriff des Urs bisher nicht genutzt wird – nicht auf.

Nach soviel – zwar hier nur einfach behaupteter – Trivialität mag sich der Leser fragen, ob denn noch ein Pferdefuß zum Vorschein kommt?

Nicht trivial ist die Ur-Theorie möglicherweise bezüglich der Dynamik. Trivialität hierfür würde bedeuten, daß jede real mögliche Dynamik, vereinfacht gesagt, jede real mögliche Kraft mit Hilfe von Uren beschrieben werden kann. Dann kann man behaupten, daß Nicht-durch-Ure-Beschreibbares überhaupt nicht existieren kann. Dies ist eine offensichtlich sehr anspruchsvolle Behauptung, deren Klärung bis jetzt noch nicht abgeschlossen ist.

Die Trivialität der Ur-Theorie, die Weizsäcker zu begründen sucht, würde bedeuten, daß sie keine Zusatzannahme darstellt und in der Quantentheorie bereits implizit enthalten wäre, und zwar, insoweit diese sich auf die Realität bezieht. Lediglich ausgedachte, nicht reale mathematische Modelle könnten aus diesem Rahmen fallen.

Das Faszinierende an Weizsäckers Theorie ist, daß ihre Begriffe so abstrakt sind. Sie geht weder von einem vorgefaßten Begriff des Raumes noch von einem vorgefaßten Begriff des Teilchens aus. Von daher ist sie offen für mögliche – und wahrscheinlich nötige – Änderungen in diesen physikalischen Grundbegriffen. Sie müßte somit geeignet sein, den neuen begrifflichen Rahmen für die Physik zu liefern, der eine Zusammenführung der Quantentheorie und der *Theorie der Raumzeit* (Allgemeine Relativitätstheorie) ermöglichen kann.

Im folgenden sei versucht, den Weg zu skizzieren, den man gehen muß, um von solch einem abstrakten Ausgangspunkt bis hin zur konkreten Physik zu gelangen. Dieser Weg ist noch nicht bis zu seinem Ende durchlaufen. Da es sich dabei nicht nur um eine Rekonstruktion von bekannten Theorien, sondern auch vielfach um Neuland der Forschung handelt, sind Irrtümer und Sackgassen unvermeidlich. Es ist sicherlich keine Schande, wenn die kleine Gruppe, die mit Weizsäcker in Starnberg an diesen Problemen gearbeitet hat, bisher noch keine vollständigen Lösungen hat vorlegen können. Nach 1982 sind daran außer dem Verfasser bisher noch als „Gäste" Eva Ruhnau aus München und Dirk Graudenz aus Aachen beteiligt.

Ur-Theorie und Raum

Die Überlegung, welche Weizsäcker die entscheidenden Impulse für die Entwicklung seiner Theorie lieferte, war die Erkenntnis, daß die Symmetriegruppe für das Ur im wesentlichen gleich ist der Gruppe der Drehungen in dem normalen dreidimensionalen Raum; des Raumes, in welchem wir uns vorfinden. *Damit folgt, daß jedes isolierte Objekt, welches nach dem oben Gesagten als aus Uren zusammengesetzt gedacht werden kann, ebenfalls dieser Symmetrie genügen muß.* Mit dieser Idee ist somit gezeigt, daß alle Objekte als „in einem dreidimensionalen Raum befindlich" beschrieben werden können, daß also „der Raum" dreidimensional *ist*. Diese – hier sehr verkürzt dargestellte – Herleitung der Dimension des Ortsraumes aus der Quantentheorie des Urs durch Weizsäcker gibt in der Geschichte der Physik zum ersten Male eine Begründung für ein normalerweise von den Physikern verdrängtes Problem.

Der folgende Absatz kann vom Leser wieder folgenlos übersprungen werden, falls ihn mathematische Fachausdrücke langweilen.

Im Rahmen der Ur-Theorie erweist sich der Raum somit als eine *Folgerung* der Quantentheorie. In erster Näherung ist er ein

Ausdruck für die möglichen Symmetrietransformationen, denen man jedes Objekt unterwerfen kann. Die Menge aller dieser Operationen wird in der Sprache der Mathematik als *Gruppe* bezeichnet, und der Raum – hier verstanden als der physikalische Weltraum – wird dann als eine Mannigfaltigkeit aller möglichen Elemente dieser Gruppe aufgefaßt. Aufgrund einer solchen Gruppenmannigfaltigkeit kann man nun weitere Untersuchungen vornehmen. Die Zustände der Ure können dargestellt werden durch Funktionen auf diesem Raum. Diese Funktionen werden nur wenig Struktur besitzen können, wenn nur wenige Ure vorhanden sind. Ein einziges Ur hat so wenig Struktur, daß mit ihm der ganze kosmische Raum lediglich in „zwei Hälften" geteilt werden könnte. Es ist also das Extremste an Nichtlokalität, was gedacht werden kann. Daß das Ur keine *kleinste räumliche* Gestalt ist, also *kein „kleinstes Teilchen"* ist, keine „kleinste Länge" repräsentiert, wird leider vielfach nicht verstanden. (So wird z. B. in der sonst recht guten Biographie der Weizsäcker-Familie von Martin Wein auf Seite 453 zum Ur das genaue Gegenteil des tatsächlich Gemeinten behauptet.) Das Ur ist vielmehr *mit Notwendigkeit* die *logisch einfachste* – und nur in diesem Sinne kleinste – Einheit, die gedacht werden kann. Wir werden gleich darauf zurückkommen. Bei sehr vielen Uren werden dann auch Funktionen mit einer sehr komplizierten Struktur auftreten, insbesondere solche, die nur auf einem kleinen Bereich des Raumes wesentlich von Null verschieden sind. Dies bedeutet, daß mit vielen Uren die Möglichkeit entsteht, begrenzte Raumbereiche auszuzeichnen und somit räumliche Strukturen durch Ure beschreiben zu lassen.

Das mathematische Modell des Raumes läßt beliebig genaue Unterteilungen zu. Physikalisch ist dies nur bis zu einem gewissen Grade richtig. Wir wissen heute aus allgemeinen quantentheoretischen Überlegungen, daß für die Unterscheidung von räumlichen Strukturen um so größere Energien aufgewendet werden müssen, je kleiner diese sind. Deshalb benötigt man in der Physik der Elementarteilchen zur Untersuchung von immer kleineren Bereichen immer riesigere Beschleuniger. Große Energiekonzentrationen ihrerseits haben Rückwirkungen auf die

Struktur des Raumes, sie „verknäulen" ihn. Und wenn diese Krümmung zu groß wird, dann wird der Begriff des Raumes physikalisch unanwendbar, er verliert seinen naturwissenschaftlichen Sinn. Die entsprechende Grenzlänge, welche die Physiker zu Ehren ihres Entdeckers als die Planck-Länge benannt haben, könnte (etwas locker gesprochen) als die „kleinste Länge" bezeichnet werden. Für die heute zur Verfügung stehenden Mittel bleibt diese allerdings für menschliche Experimente unerreichbar.

Die Ur-Theorie liefert die Konzepte für die Raumstruktur gleichsam automatisch. Die Frage, ob zwei *mathematische* Punkte der Gruppenmannigfaltigkeit auch im *physikalischen* Sinne zwei verschiedene Punkte bedeuten, läßt sich nur mit Wahrscheinlichkeit entscheiden. Je mehr Ure zur Prüfung des Problems zur Verfügung stehen, desto besser werden sich zwei im mathematischen Sinne benachbarte Punkte auch physikalisch noch als verschieden unterscheiden lassen.

In einer frühen Arbeit aus dem Jahre 1968, die in „Die Einheit der Natur"[5] nachgedruckt ist, gibt Weizsäcker zum ersten Male eine Abschätzung für die heute vorliegende Zahl der Ure im Universum[6]: 10^{120}, d.h. eine 1 mit 120 Nullen dahinter. Wenn man von dieser Zahl ausgeht und gruppentheoretisch untersucht, welche kleinsten Abstände man dann noch im Kosmos wird messen können, so kommt man tatsächlich auf eine Länge von der Größenordnung der Planck-Länge.

Ure als Information

In der Physik spielt Information normalerweise unter der Bezeichnung „Entropie" eine wichtige Rolle. Weizsäcker definiert die Entropie als die Information, die man noch zusätzlich gewinnen könnte, wenn man von einem System nicht nur den Makrozustand kennt, sondern darüber hinaus auch noch wüßte, welcher aus den sehr vielen Mikrozuständen vorliegt, die zu diesem Ma-

---

[5] Die Einheit der Natur: II.5 Die Quantentheorie.
[6] Ebd. S. 272.

krozustand gehören. Ein Beispiel für die Festlegung eines Makrozustandes wäre die Angabe von Druck, Temperatur und Volumen eines Gases, der Mikrozustand wäre gegeben durch die Angabe der Bewegungen aller seiner Moleküle. Je nach dem, was man als „Mikrozustand" definiert, kann sich das Maß der Entropie ändern. (Die Physiker sagen diesbezüglich, daß man „eingefrorene Freiheitsgrade" – das sind solche, die unter den gegebenen Umständen nur hypothetisch sind – nicht berücksichtigt. Vereinfachendes Beispiel dafür wäre ein Fahrrad, bei dem der Lenker mechanisch blockiert wird, so daß ohne Anwendung von Hilfsmitteln die Lenkmöglichkeit hypothetisch bleibt.) So wird es beispielsweise einen Unterschied ergeben, ob man für ein Gas als Mikrozustände die Zustände seiner als stabil verstandenen Moleküle verwendet oder ob man statt dessen die Moleküle gedanklich in Einzelteilchen zerlegt und als Mikrozustände die Zustände aller einzelnen Elementarteilchen bezeichnet.

Die Maßeinheit für die Information ist das Bit, welches durch die allgemeine Verbreitung des Computers vielen Menschen ein Begriff geworden ist. Das Bit ist gerade die Menge an Information, die man mit der Antwort auf eine einzige „ja/nein"-Frage erhalten kann.

Hier sei eine kurze Abschweifung erlaubt. Das, was die Physik als *Menge der Information* bezeichnet, hat überhaupt *nichts* mit dem zu tun, was diese Information möglicherweise für uns *bedeuten* mag. Das übliche Beispiel dafür ist in der Regel ein Telegramm, bei welchem die Information auch durch den Preis gemessen werden kann, d. h. die Buchstaben der Wortanzahl, und bei dem der Inhalt keine Rolle spielt. Aber auch die Antwort auf die Frage, ob ein Käfer auf einem Blatt nach rechts oder nach links gekrabbelt ist, enthält z. B. die gleiche Menge an Information wie die Antwort auf die Frage: „Willst du mich heiraten?" – jedesmal ein Bit.

Der Verlust an Information über ein System wird um so größer sein, je weniger aus *prinzipiellen Gründen* über dieses in Erfahrung gebracht werden kann.

Nun haben die theoretischen Physiker astronomische Objekte berechnet, die als *Schwarze Löcher* (englisch „black holes") bezeichnet werden. Dies sind wahrscheinlich ausgebrannte Sonnen, die eine so riesige Schwerkraft besitzen, daß nichts, nicht einmal das Licht, ihre Oberfläche verlassen kann. In der Theorie wird diese Oberfläche als sogenannter „Horizont" bezeichnet. Er kann verstanden werden als ein Ausdruck für den unmittelbaren Einflußbereich des Schwarzen Loches. Die Schwarzen Löcher ziehen mit ihrer Schwerkraft alles aus der Umgebung an und saugen es durch den Horizont in sich hinein. Wenn ein Körper durch den Horizont gefallen ist, dann ist es absolut unmöglich, über sein weiteres Schicksal noch irgend etwas zu erfahren. Denn weder Licht noch irgendwelche anderen Signale aus dem Inneren können nach draußen gelangen. Man verliert somit sämtliche Information außer der nahezu belanglosen, daß die Masse des Körpers nun innerhalb des Horizontes ist.

Der maximal definierbare Informationsverlust für ein System wird also eintreten, wenn es durch den Horizont in ein Schwarzes Loch fällt. Durch Überlegungen zur Quantengravitation an Schwarzen Löchern haben die Physiker Jacob Bekenstein und Stephen Hawking eine Formel gefunden, um diesen Informationsverlust, d.h. den Entropiezuwachs, auszurechnen.

Das hocherfreuliche Ergebnis der Rechnungen war, daß der maximal größte denkbare Informationsverlust für ein einziges, einzelnes Proton genau dem Wert entspricht, der von Weizsäcker viele Jahre früher angegeben worden war. Er schätzte damals die Zahl der Ure ab, die nötig sind, um ein Proton, den Kern des Wasserstoffatoms, zu bilden; und erhielt einen Wert von 10^{40} Uren [7]. Da das Ur einem „Informations-Bit" entspricht, so wird diese Behauptung überprüfbar, wenn man, wie oben angegeben, etwas über den physikalischen Informationsgehalt des Begriffes „ein Proton" aussagen kann. Mit der Ur-Theorie kann man also feststellen, daß ein Proton 10^{40} Ure sind. Es ist zu vermuten, daß die damit begonnene quantentheoretische Behandlung der „Schwarzen Löcher" auch von der endgültigen Theorie, die wir heute noch nicht kennen, akzeptiert werden wird; genauso wie die

---

[7] Ebd. S. 271.

Plancksche Strahlungsformel von der fertigen Quantentheorie bestätigt wird.

Was bringt nun die Verwendung des Begriffes *Information* in diesem neuen Rahmen? Wir können sagen: Wie die spezielle Relativitätstheorie ein *absolutes Maß* für die Energie erlaubt und damit eine *Äquivalenz* von Masse und Energie begründet, so folgt aus der Ur-Theorie ein absolutes Maß für die Information und weiter eine zu vermutende *Äquivalenz von Information und Energie und Masse.* Hieran werden wir später noch weitere Überlegungen anschließen.

Kosmologie

Der charakteristische Gesichtspunkt der Quantentheorie, daß sie eine holistische Theorie ist, daß sie in erster Linie für das Ganze zuständig ist, kommt im Rahmen der Ur-Theorie dadurch zum Ausdruck, daß in ihr die Kosmologie, die Theorie vom *Universum als Ganzes,* mit am Anfang aller Überlegungen steht. Dies ist ein wichtiger Unterschied zur bisherigen Physik. In dieser hat man mit den Einsteinschen Gleichungen einen mathematischen Apparat, welcher unter anderem auch „kosmologische Lösungen" liefern kann. Das sind spezielle Lösungen dieser Differenentialgleichungen, welche eine ganze Raumzeit, ein ganzes Universum, mathematisch in seinem Verhalten beschreiben. Wenn man diese Theorie ernst nimmt, dann muß unter diesen (unendlich vielen) Lösungen auch die eine sein, die der mathematischen Beschreibung des realen Kosmos entspricht. Die logische Schlußfolgerung ist dann, daß alle anderen Lösungen in der Realität keine Entsprechung haben und somit lediglich zur Mathematik, nicht aber zur Physik zu rechnen wären. Weizsäcker hat dazu die Frage gestellt, was die Bedeutung einer *allgemeinen* Theorie sein kann, von deren Ergebnissen fast alles (bis auf eine einzige Lösung) ohne Entsprechung in der Wirklichkeit ist.

Diese Überlegungen sollen keineswegs den riesigen Erkenntnisfortschritt bestreiten, der sich aus der Allgemeinen Relativitätstheorie für die Kosmologie ergeben hat. Schon das Aufweisen der mathematischen Möglichkeit für kosmologische Modelle wäre ohne diese Theorie nicht möglich gewesen. Wir können aber sehen, daß vielleicht die Reihenfolge in unseren physikalischen Argumentationsketten geändert werden sollte.

Eine allgemeine Theorie soll für alle Fälle – immer und überall – gelten. Das Universum, wenn es seinen Namen zu recht trägt, ist aber nur ein einziges; und es hat offenbar eine individuelle Geschichte. Weizsäcker hat darauf hingewiesen, wie fragwürdig, auch in philosophischer Hinsicht, die Idee ist, eine allgemeine Theorie für einen Individualfall aufstellen zu wollen. Wenn wir mit der Ur-Theorie starten, so sind wir genötigt, mit einem kosmologischen Modell zu beginnen. Die Aufgabe, welche verbleibt und die keineswegs einfach ist, besteht dann darin, zu zeigen, wie aus dem globalen Modell in den weiteren Näherungsstufen die lokale Gültigkeit der Einsteinschen Theorie hergeleitet werden kann.

Diese Aufgabe erscheint lösbar. Zum einen zeigt der obenerwähnte Zusammenhang von Ur-Theorie und Quantengravitation, daß zwischen beiden Konzepten keine bis jetzt erkennbaren Unvereinbarkeiten bestehen. Zum anderen ist das aus der Ur-Theorie folgende kosmologische Modell mit den Einsteinschen Gleichungen verträglich, wenn man die Rolle des Vakuums in einer der Quantentheorie entsprechenden Weise berücksichtigt.

Die Aufgabe, an der wie oben erwähnt, in Starnberg unter anderem gearbeitet wird, besteht darin, die lokalen Strukturen im Modellkosmos so zu behandeln, daß sie der Allgemeinen Relativitätstheorie genügen. Denn diese ist durch die Beobachtungen so gut bestätigt worden, daß heute kaum ein Physiker der Meinung sein kann, sie verwerfen zu wollen.

Teilchen und Felder

Die zweite große Zielrichtung in Weizsäckers Ur-Theorie ist ein Verständnis der Physik im „Kleinen", das Verständnis der Elementarteilchen. Auch hierfür kann die Ur-Theorie neue Konzepte liefern, da sie nicht den Begriff des Teilchens oder den des Quantenfeldes als fundamental versteht, sondern mit dem Ur eine begrifflich noch einfachere Struktur zur Verfügung stellt.

Die großen ungelösten Fragen auf diesem Feld sind zum einen die Erklärung der scharfen Werte für die Ruhmassen und die weiteren charakteristischen Größen der wenigen wirklich stabilen fundamentalen Teilchen. Zum anderen sollten die Größen der Wechselwirkungen und ihre Struktur erklärbar werden.

Auch der nächste Absatz kann wiederum überflogen werden, er enthält unvermeidliche mathematische Begriffe:

Teilchen kann man in der Physik definieren als Objekte, die frei in Raum und Zeit bewegt werden können. Solche Bewegungen bilden – wieder in der Sprache der Mathematik – eine Gruppe, und ein Teilchen entspricht dann einer Darstellung dieser Gruppe. Der Raum, in dem die Bewegungen betrachtet werden, ist in der Elementarteilchenphysik ein anderer als in der Allgemeinen Relativitätstheorie, er ist idealisiert, nicht „gekrümmt", sondern so „glatt und flach" wie möglich. Wenn man dies mit Uren beschreiben will, so muß man dazu beliebig viele Ure zulassen. Man betrachtet damit einen idealisierten Grenzfall, was – wie so oft in der Mathematik – den Vorteil hat, daß man leichter rechnen kann. Es würde hier zu weit führen, die mathematischen Zusammenhänge ausführlicher zu skizzieren, die hierbei verwendet werden. Der hieran interessierte Leser kann dies ziemlich ausführlich im 9. und 10. Kapitel vom „Aufbau der Physik" nachlesen. Seit 1985 sind allerdings viele Fortschritte erzielt worden, die hier noch erwähnt werden sollen. So ist es in der Zwischenzeit gelungen, den Sprung von den masselosen Teilchen zu den Teilchen mit Ruhmasse zu schaffen und *deren mathematische Beschreibung anzugeben.* Ein weiterer wichtiger Punkt war die Unterscheidung der Struktur des „Vakuums" in den verschiedenen Beschreibungsweisen. Das Vakuum für die Ure, das *logische Vakuum,* wie es Graudenz genannt hat, bedeutet: „Es ist kein Ur da." Dagegen kann das Vakuum in der Quantenfeldtheorie charakterisiert werden durch: „Es ist kein Teilchen da." Eine solche Aussage enthält sehr viel Information, d. h. Ure, und wird daher, mathematisch in Uren ausgedrückt, zu einem relativ komplizierten Gebilde.

Die Beschreibung von Teilchen und Feldern durch Ure hat primär nicht eine neue mathematische Form zum Ziel, sondern die

Möglichkeit einer neuen *inhaltlichen Interpretation* von bekannten máthematischen Methoden und damit ebenfalls einen neuen Blick auf die Näherungsprozesse, die der mathematischen Idealisierung zugrunde liegen können.

Die Einheit der Physik

Wenn es gelingt, den von Weizsäcker eingeschlagenen Weg bis zum Erfolg zu gehen, dann wäre das Ziel erreicht, die Einheit der Natur in einer Einheit ihrer Beschreibung widerszuspiegeln. Dann würde sich die Annahme bestätigen, daß die Quantentheorie die allgemeinste Theorie im Rahmen begrifflichen Denkens ist.

Nun kann man gegen dieses Konzept Einwände vorbringen. Zum einen ist es nicht sicher, daß diese Aufgabe vollständig lösbar ist. Wir können nicht ausschließen, daß die Geschichte der Natur auch in dem Sinne „Historie" ist wie die Geschichte der Menschen, daß nämlich bestimmte Einzelereignisse, welche entscheidend für die gesamte spätere Entwicklung sind, sich im strengen Sinne als zufällig erweisen. Dies würde bedeuten, daß die Theorie das Eintreten solcher Ereignisse und ihre Folgen nicht festlegen kann. So könnte es sein, daß beispielsweise manche der von uns als Naturkonstanten bezeichneten Größen von dieser Art sind. Dann könnten sie nicht „erklärt" werden, sondern müßten schlicht als historische Fakten akzeptiert werden. Weizsäcker trägt diesen Bedenken dadurch Rechnung, daß er das Ziel einer einheitlichen theoretischen Beschreibung als eine fruchtbare *Arbeitshypothese* anstrebt, aber gleichzeitig gegenüber einer „Physik aus ersten Prinzipien – a priori" skeptisch bleibt.

Ein zweiter Einwand kann von der gegenwärtigen Physik kommen. Nach dem Vorbild der deduktiven Mathematik versucht man heutzutage, auch die Physik weitgehend axiomatisch aufzubauen. Dies bedeutet, daß man eine Reihe von Sätzen – die Axiome – an die Spitze stellt und aus diesen dann die restliche Theorie mit Hilfe der Mathematik ableitet. Diese Methode ist von den alten Griechen in die Mathematik eingeführt worden. Das System der Geometrie von Euklid war über Jahrtausende *das* Beispiel dafür.

Die Griechen waren der Meinung, daß die Gültigkeit der Axiome unbezweifelbar und offensichtlich sein müsse. Die moderne Mathematik hat mit der Entdeckung der Nichteuklidischen Geometrie gezeigt, daß diese Annahme *so* nicht aufrechtzuerhalten ist. Sie versucht nicht mehr, den Begriffen in den Axiomen eine anschauliche Bedeutung zu geben, sondern schaut lediglich danach, was aus diesen gefolgert werden kann. Für die Physik – als Naturwissenschaft – ist eine solche Zurückhaltung aber nicht möglich. Wenn wir die Realität beschreiben wollen, so müssen wir verlangen, daß die verwendeten Begriffe eine Bedeutung haben, die angeschlossen werden kann an das, was im täglichen Leben nachvollziehbar ist. Es geht darum, zu *sagen, was* mit den Fachbegriffen und Formeln *tatsächlich gemeint ist.* Dies ist im Grunde eine philosophische Forderung, der wir uns im nächsten Kapitel zuwenden wollen.

Die axiomatische Methode hat aber noch eine weitere Einschränkung hinnehmen müssen. Seit Gödels berühmter Entdeckung, daß in jeder hinreichend ausdrucksfähigen mathematischen Theorie (d. h. kurz gesagt, einer Theorie, die mindestens die Arithmetik umfaßt) kein Axiomensystem für die Menge der allgemeingültigen Aussagen existiert, erscheint es sinnvoll, nur noch Teiltheorien zu axiomatisieren. Eine universal gemeinte Theorie, wie z. B. die Ur-Theorie, wird also vermutlich schon aus mathematischen Gründen nicht so behandelt werden können.

Zum physikalischen Teil des Problems weist Weizsäcker darauf hin, daß die Physik ihrem Wesen nach Approximation, Annäherung ist. Im Aufbau der Ur-Theorie oder in der Rekonstruktion der Quantentheorie[8] startet man mit Postulaten, von denen man einsehen kann, daß sie *nicht im strengen Sinne gültig* sein *können.* Diese Postulate sind so aufgebaut, daß sie ihre „Fehler" gegenseitig korrigieren. Daraus erhält Weizsäckers Sprechweise von der „Quantentheorie als einer Selbstkorrektur des begrifflichen Denkens" ihre Berechtigung. Dies bedeutet, daß man die Ur-

---

[8] Siehe z. B. Drieschner, Görnitz, v. Weizsäcker (1987).

Theorie als den Versuch eines *anti-axiomatischen* Aufbaus der Physik verstehen soll.

Zur Einheit der Erkenntnis

Die Ur-Theorie wurde auf dem Fundamentalbegriff der Information aufgebaut. Information kann verstanden werden als der meßbare Gehalt an „Form" in einem System. Wenn man sich auf das philosophische Begriffspaar Geist und Materie einläßt, so wird Information wohl jedenfalls nicht zur Materie gerechnet werden. Selbstverständlich können wir Information über Bewußtseinszustände besitzen, insoweit deren Meßbarkeit definiert werden kann. Die Kopenhagener Deutung bezeichnet die Ψ-Funktion als Wissen, die Ur-Theorie erlaubt, die Materie, die „Realität" als Information zu interpretieren. Damit wird es denkbar, daß sich der Streit darüber, ob die Wellenfunktion „real" oder „nur" Wissen sei, als ein Mißverständnis erweist. Ein substantieller Unterschied zwischen diesen beiden Seinsweisen muß dann nicht mehr vorausgesetzt werden. Aus der Ur-Theorie kann man folgern, daß die Realität die Struktur, die Substanz, das Wesen von „Wissen" besitzt.

Die Möglichkeit der Anwendung der Quantentheorie auf das Bewußtsein eröffnet in Verbindung mit ihrem Holismus noch eine weitere Denkmöglichkeit, die hier noch erwähnt werden soll. Wenn es keine im strengen Sinne getrennten Objekte der Theorie gibt, und „Bewußtsein" zu diesen „Objekten der Theorie" gehört, so sollte auch *Bewußtsein nur in Näherung individuell* sein. In den letzten Kapiteln des „Aufbaues der Physik" wird dieser Gedanke weitergeführt.

3 Das Denken

Zur Zeit, d. h. jetzt im Sommer 1991, arbeitet C. F. v. Weizsäcker auf seiner Alm an seinem seit langem angekündigten Buch „Zeit und Wissen". Für den Leser des vorliegenden Buches ist es jetzt an der Zeit, daß die Vorankündigungen wahr gemacht werden und die Philosophie Weizsäckers dargestellt wird.

...

Der Leser möge einen Augenblick innehalten und darüber nachsinnen, ob das, was er jetzt gelesen hat, denn stimmen kann?

...

Wenn dieses Buch gedruckt vorliegt, wird der Sommer 91 schon lange vorbei sein; „jetzt im Sommer 91" ist also nicht mehr richtig. Daß der Leser „jetzt" liest, aber auf jeden Fall.

Dies scheint so trivial zu sein, daß man fast Bedenken haben kann, es niederzuschreiben.

Oder ist es doch nicht trivial? Wenn Sie jetzt nachgedacht haben, dann haben Sie jetzt doch nicht gelesen? Dazu passend gibt es einen Spruch von Weizsäckers Onkel Viktor:

„Wenn ich dich frage: ‚Was denkst du jetzt?' – und du antwortest darauf, dann lügst du bereits."

Die Struktur der Zeit, in der wir leben und auch älter werden, ist uns so in Fleisch und Blut übergegangen, daß wir uns nur selten genötigt fühlen, uns darüber Gedanken zu machen. Von Zeit zu Zeit gibt allerdings vielleicht ein Geburtstag oder auch ein Todesfall dazu Anlaß, auf Vergangenes zurückzuschauen und über die gemachten Erfahrungen nachzudenken.

Was sind Erfahrungen, was ist „Erfahrung"?

Physik ist eine „Erfahrungswissenschaft", was bedeutet das?

3.1 Zeit als Basis der Erfahrung

„Wir philosophieren heute" ist einer der Ausgangspunkte in Weizsäckers Philosophie. „Zeit und Wissen" heißt das philosophische Hauptwerk, „Der Mensch in seiner Geschichte" der Vorausband – „der Rundritt" – dazu.

Wir wollen versuchen, uns zu fragen, was wir von der Zeit wissen.

Eine Anekdote, die Weizsäcker in diesem Zusammenhang gern anführt, handelt von zwei Gesprächen, die Albert Einstein mit den Philosophen Carnap und Popper geführt hatte und über die beide selbst geschrieben haben. In „Zeit und Wissen I" wird davon berichtet. Besonders die Stelle mit Carnap erscheint hierzu wichtig, ein Stück des Carnap-Zitates soll hier wiedergegeben werden [1]:

„Einmal sagte Einstein, das Problem des Jetzt beunruhige ihn ernstlich. Er erklärte, die Erfahrung des Jetzt bedeute etwas Besonderes für den Menschen, etwas von Vergangenheit und Zukunft wesentlich Verschiedenes, aber dieser wichtige Unterschied komme in der Physik nicht vor und könne dort auch nicht vorkommen. Daß die Wissenschaft diese Erfahrung nicht fassen könne, schien ihm ein Gegenstand schmerzlicher, aber unvermeidlicher Resignation zu sein. Ich (d. h. Carnap) bemerkte, daß alles, was objektiv geschieht, von der Wissenschaft beschrieben werden kann; einerseits wird die zeitliche Reihenfolge der Ereignisse in der Physik beschrieben, und andererseits können die Eigentümlichkeiten der menschlichen Erfahrungen mit der Zeit, einschließlich seiner verschiedenen Einstellung zu Vergangenheit, Gegenwart und Zukunft, in der Psychologie beschrieben und (im Prinzip) erklärt werden. Aber Einstein meinte, diese wissenschaftlichen Beschreibungen könnten keinesfalls unsere menschlichen Bedürfnisse befriedigen; es gebe etwas Wesentliches bezüglich des Jetzt, das schlicht außerhalb des Bereiches der Wissenschaft liege. Wir waren beide einig, daß es sich dabei nicht um einen Defekt handle, den man der Wissenschaft vorwerfen könnte …

… Ich hatte den entschiedenen Eindruck, daß Einsteins Gedanken über die Frage eine unzureichende Unterscheidung zwischen Erfahrung und Wissen enthielten. Da die Wissenschaft im Prinzip alles sagen kann, was sagbar ist, bleibt keine unbeantwortete Frage übrig. Aber obwohl keine theoretische Frage zurückbleibt, gibt es immer noch die gemeinsame menschliche emotionale Erfahrung, die manchmal aus speziellen Gründen verwirrend ist."

---

[1] Zeit und Wissen I, 3.6: Ein Gespräch Carnaps mit Einstein.

In Gesprächen führte Weizsäcker dann weiter aus, daß Carnap somit als Lösung anbot, daß – wenn nicht die Physik – dann halt die Psychologie die für das „Jetzt" zuständige Wissenschaft sei.

In seiner Auseinandersetzung mit Carnap weist Weizsäcker darauf hin, daß dieser Einsteins philosophisches Problem offenbar überhaupt nicht verstanden hat. Vor allem seine Behauptung, daß kein theoretisches Problem vorliege, sei nicht zu halten. Eine psychologische Erklärung des Jetzt und der Zeitmodi – ohne deren „Realität" vorauszusetzen – erscheint aussichtslos.

Weizsäcker schreibt: „Wenn Carnap von der ‚verschiedenen Einstellung zur Vergangenheit, Gegenwart und Zukunft' als Gegenstand der Psychologie spricht, so scheint er vorauszusetzen, daß Vergangenheit, Gegenwart und Zukunft etwas sind, was objektiv geschieht und wozu wir eben deshalb verschiedenen psychische Einstellungen haben können. Vorher sagte er aber nur, ‚die zeitliche Reihenfolge der Ereignisse' werde von der Physik beschrieben. Gewöhnlich verstehen Physiker unter dieser Reihenfolge nur den Unterschied relativ früherer von relativ späteren Ereignissen, eine Ordnungsrelation zwischen ‚Zeitpunkten', also gerade nicht die Angabe, welches Ereignis jetzt stattfindet, also was Gegenwart (und folglich Vergangenheit und Zukunft) bedeutet. In der Tat waren Einstein und Carnap einig, daß das Jetzt in der Physik nicht vorkommt. Also gibt es weder in der Physik noch in der Psychologie einen theoretischen Ort für das Jetzt; in der Physik, laut Übereinstimmung der beiden Forscher, überhaupt nicht; in der Psychologie, nach Carnaps Wortwahl, nur für die (emotionale) Einstellung zu ihm. Diese begriffliche Unklarheit teilt Carnap mit den meisten Physikern. Einstein durchschaute die Unklarheit und war darüber beunruhigt; Carnap aber verstand gar nicht, was Einstein beunruhigte …"

Und Weizsäcker weiter: „Nach meiner Auffassung ist das Jetzt, im Rahmen der Struktur der Zeitlichkeit, Voraussetzung des begrifflichen Denkens, und so auch der Wissenschaft. Die Wissenschaft kann Fakten und Möglichkeiten begrifflich beschreiben; dabei setzt sie das Jetzt stets implizite voraus. Sie formuliert allgemeine Sätze, die so gemacht sind, daß in ihnen das Jetzt, in dem sie gesagt werden, nicht genannt wird; sie sollen ja immer gelten.

Einstein weiß, daß Begriffe nur im Rahmen einer Theorie, also allgemeiner Sätze, einen Sinn haben. Er kommt ferner von einer Fassung der Physik her, in der die Zeit durch eine reelle Koordinate beschrieben wird. So stößt er auf die Grundtatsache aller Erkenntnis, auf das Jetzt, wie auf einen Fremdkörper. Er hat den Mut, darüber zu staunen ..."

Der Übergang von einem Jetzt zum nächsten, von einem Augenblick zum anderen, drückt ein Grundphänomen der Zeit aus. Schauen wir uns erst noch einmal an, wie wir heute „Zeit" verstehen.

In unserem Kulturkreis wird Zeit immer mehr zur Zeit der klassischen Physik; zu der Zeit, die mit Uhren gemessen und durch reelle Zahlen bezeichnet wird. Der Verfasser beobachtet an sich selbst in steigendem Maße eine Wahrnehmung der Zeit, die – für uns unbewußt – von der Uhr festgelegt wird.

Im Rahmen der modernen Physik kann „Zeit" aber auch wesentlich differenzierter gesehen werden. Die spontan von uns als selbstverständlich angesehene universale Gleichzeitigkeit ist durch die Spezielle Relativitätstheorie eingeschränkt worden. Für alle Ereignisse, die wir selbst erlebt haben, ist es uns klar, in welcher Reihenfolge sie geschehen sind. Sie können wie die Zahlen auf einer Koordinatenachse angeordnet werden. Für beliebige Ereignisse gilt dies nicht, eine Entscheidung über früher und später muß bei ihnen nicht von universeller Gültigkeit sein. Dies war ein verblüffendes Ergebnis der Relativitätstheorie. Damit wird es fraglich, wieweit ein universeller reeller Zeitparameter weiter verwendet werden kann.

Eine zweite Einschränkung betrifft die Beschreibung des Ablaufes von Zeit – das Problem, „wann ein Augenblick vorüber ist". Der Holismus der Quantentheorie betrifft nämlich nicht nur räumliche Entfernungen, sondern kann sich auch auf zeitliche Abstände erstrecken. Weizsäckers Arbeit aus dem Jahre 1931 über das sogenannte „Gammastrahlenmikroskop" enthält die erste Darstellung dieses Phänomens, welches 1978 von Wheeler als „delayed choice – verzögerte Wahl" bezeichnet wurde.

In dem von Weizsäcker behandelten Experiment wird – wie in Kapitel 2.3 beschrieben – ein Lichtquant an einem Elektron gestreut und über eine Optik zu einer photographischen Platte gelenkt. Je nach dem, ob sich diese in der Brennebene oder aber in der Bildebene befindet, wird man entweder den Ort oder den Impuls des Elektrons bestimmen können. Nun kann man, „erst nachdem das Photon bereits durch die Linse gegangen ist", die Photoplatte an eine der beiden Stellen bringen. Somit hat man „nachträglich" entschieden, ob das Elektron bei dem – offenbar längst abgeschlossenen – Streuvorgang einen scharfen Ort oder einen scharfen Impuls besessen hatte. In anderen Experimenten mit verzögerter Wahl kann man z. B. nachträglich entscheiden, ob „ein Elektron durch ein oder durch zwei Löcher eines Schirmes gegangen war". Dies ist für den Leser vielleicht ein noch deutlicheres Beispiel für die Seltsamkeit der Quantentheorie. Daß man Ort oder Impuls mißt, ist ja vielleicht nichts so Besonderes. Aber daß man die „Realität" sollte so verändern können, daß ein Teilchen durch eine Wand mit Löchern fliegt und, nachdem es hindurch ist, dann erst festgelegt wird, ob es dabei durch eines oder durch zwei der Löcher geflogen ist – das übersteigt wohl die Vorstellungskraft eines jeden. Das so Spannende an der Angelegenheit ist, daß das rationale Denken uns aus innerer Notwendigkeit zu diesen Schlußfolgerungen gebracht hat. Denn nicht der Wunsch von Dichtern oder Esoterikern, sondern eine harte mathematische Theorie in Verbindung mit überaus exakten Experimenten waren die Grundlage hierfür.

Oben wurden einige Anführungszeichen benutzt, um anzudeuten, daß wir in unserer Sprache keine Möglichkeit besitzen, den Vorgang besser zu beschreiben. Die von der Sprache nahegelegte Abfolge von Zwischenereignissen, die sich an die Vorstellungen der klassischen Physik anlehnen, haben im *strengen Sinne des Wortes nicht stattgefunden*. Bohr nennt das Geschehen von Beginn bis zum Ende des Experimentes einen individuellen Prozeß. Das Neue an der Quantentheorie ist, daß innerhalb eines solchen Prozesses der Zeitablauf, der im Labor räumlich daneben, d. h. außerhalb des Prozesses, mit einer Uhr kontrolliert werden könnte, mit diesem Prozeß selber nichts gemein hat. Locker formuliert, könnte man sagen, daß das System während dieses individuellen Prozesses keine eigene innere Uhr – d. h. keine Zeit – besitzt.

Diese beiden Ergebnisse der modernen Physik wurden hier angeführt, um zu zeigen, daß interessanterweise diese Wissenschaft selbst im Begriffe ist, den von ihr ursprünglich erfundenen Zeitbegriff zu überwinden.

Aber was ist mit dem Jetzt?

Weizsäcker hat in dem oben zitierten Passus darauf hingewiesen, daß Naturgesetze – oder philosophisch: allgemeine Gesetze – gerade deshalb, weil sie immer und überall gelten sollen, das Jetzt nicht kennzeichnen können. Für Sprache und mit ihr für das Denken in Begriffen kann das Jetzt als eine *Voraussetzung* verstanden werden, die als eine solche nicht aus dem *begründet* werden kann, was aus ihr folgen soll. Was man aber erhoffen kann, ist, daß aus dem Gefolgerten keine Widersprüche zum Vorausgesetzten erwachsen werden.

In Weizsäckers Philosophie, die nie eine ihrer Voraussetzungen wie einen „Archimedischen Punkt" versteht, mit dessen Hilfe der Rest der Welt aus den Angeln gehoben werden kann, wird auch das Jetzt nicht wie ein Axiom verstanden. Eine solche hierarchische Denkstruktur liegt dieser Philosophie fern. Was sie statt dessen fordert ist semantische Konsistenz. Damit bezeichnet Weizsäcker die Bedingung, daß sich nach Erstellung der fertigen Theorie die Ausgangspostulate durch diese wiederum rechtfertigen lassen.

Wir wollen im Lichte des soeben Gesagten versuchen, diesen Kreis noch einmal zu durchlaufen:

Wir beginnen damit, daß aus dem fundamentalen Phänomen das Jetzt die uns erfahrbare Struktur der Zeit erwächst. Das Jetzt teilt die Menge der Ereignisse in die, die schon vorüber sind, faktische wurden, Vergangenheit bilden, und in die, die noch nicht sind, die nur möglich, zukünftig sind. Die Physik bildet einen Teil dieser Ordnung ab auf eine Folge von Zahlen, die in dieser Wissenschaft zum Zeitparameter zusammengefaßt wurden. In der Suche der Physik nach allgemeinen Gesetzen, die immer und überall gelten, wird das Jetzt verloren. Nur noch Differenzen von Zeit, d. h. eine Dauer, ein Zeitabschnitt unabhängig von Zeitpunkt des Beginns, werden wesentlich. In mathematischer Sprache kann man formulieren: Aus Gründen der mathematischen Einfachheit werden die Gesetze der Physik durch Gruppen an Stelle der ursprünglichen Halbgruppen repräsentiert. Mit diesem Schritt ist nun nach dem Jetzt auch die Gerichtetheit der Zeit, der fundamentale Unterschied von Vergangenheit und Zukunft, aus den fundamentalen Gleichungen der Physik verschwunden.

Ein Denken der geschilderten Art mußte sich nun auf immer verfeinertere Weise mit der Natur auseinandersetzen. Dadurch wurden zwei Korrekturen dieses einfachen Bildes erzwungen. Nachdem die Experimente so genau wurden, daß sie nur noch mit der Quantentheorie zu beschreiben waren, wurde durch diese der Verlust der Gerichtetheit der Zeit zumindest teilweise korrigiert. Der sogenannte Meßprozeß ist mit einem gleicherweise in Zukunft wie in Vergangenheit laufendem Zeitparameter nicht zu verstehen. Damit kommt der Zeitablauf zum Teil hier wieder zum Vorschein.

Aus der genaueren Beschreibung des Kosmos mit Hilfe der Allgemeinen Relativitätstheorie kam auch die historische Dimension der Natur neu ins Blickfeld der Physik. Mit der zunehmenden Anerkennung der Einmaligkeit der kosmischen Geschichte wird deutlich, daß für deren verstehbare Beschreibung „allgemeine Gesetze" möglicherweise nicht den besten Rahmen liefern. Wenn wir sehen, daß nach dem Beginn der Zeit in der Welt (der in unserer heutigen Sprache als Urknall bezeichnet wird) zu bestimmten kosmischen Zeiten bestimmte – d. h. einmalige – kosmische Bedingungen herrschen, dann kommt damit ein Teil der Bedeutung des „Jetzt" auch wieder in die Naturwissenschaft zurück.

Über die durch die Ur-Theorie geforderte Verkopplung von Quantenphysik und Kosmologie wird damit vermutlich das Jetzt in einem gewissen Maße wieder in allen Bereichen der Physik zum Wirken kommen können. Über Chemie, Biologie, Anthropologie und Psychologie mag es dann einmal möglich werden, den Kreis der semantischen Konsistenz tatsächlich zu schließen.

Wir haben jetzt über das Wissen von der Zeit gesprochen. Aber ist es klar, was mit Wissen gemeint ist?

3.2 Was meint „Wissen"?

Weizsäcker betont, daß im normalen Sprachgebrauch Wissen eine Zweiheit bezeichnet: „Ich weiß, daß hinter dem Fenster ein Apfelbaum blüht" bedeutet: Hinter dem Fenster blüht ein Apfelbaum – und – ich weiß es.

„Wissen" bezieht sich somit auf etwas, was als faktisch bezeichnet werden kann. Damit ist auch gegeben, daß es intersubjektiv prüfbar ist, daß es also nicht prinzipiell unmöglich ist, daß zwei verschiedene Menschen das gleiche vom Gewußten wissen können. Im Gegenteil dazu dürfte es bei Träumen unmöglich sein, daß zwei das gleiche erfahren. Wie unvollkommen die Erzählung eines Traumes sein muß, wird der sofort leicht einsehen, der sich vom Erzählten hat ein Bild malen lassen können.

Wenn in Weizsäckers Philosophie der Begriff Realität vorkäme, könnte man auch formulieren: „Wissen bezieht sich auf die Realität." Vielleicht meint der eine oder andere Leser, daß damit die Sache besser bezeichnet sei. Das philosophische Problem besteht aber darin, daß wir aus der Quantentheorie gelernt haben, daß der Begriff der Realität, so wie er besonders klar von Einstein herausgearbeitet worden ist, im Bereich dieser Theorie nicht anwendbar ist. Daher ist der Rückgriff auf die „Faktizität" wohl die bessere Lösung.

Wenn man den Sprachgebrauch schärfen will, kann man unterscheiden zwischen Berichten, Fabulieren und Träumen: Mit Fabulieren soll gemeint sein, wenn man über etwas spricht, was so sein kann, wie man sagt oder aber auch ganz anders, z. B. wie im Märchen. Wenn man über etwas berichtet, so soll dies bedeuten, daß man Kenntnis besitzt und die Sachlage so ist, wie gesagt, während beim Träumen keine prüfbaren Beziehungen zur „Realität" behauptet werden sollen.

In diesem Sinne bedeutet Wissen hier, daß über Zustände so berichtet wird, wie sie sind, und nicht, daß man träumt.

Wissen ist immer an ein Bewußtsein gebunden, welches weiß. Dies heißt keinesfalls, daß etwa die „Realität nur im Bewußtsein ist" oder daß das „Bewußtsein die Realität erzeugt". Es heißt vielmehr, daß ohne ein Bewußtsein das gesamte Problem verschwindet: Ohne ein Bewußtsein ist weder Berichten noch Fabulieren möglich, weil nichts da wäre, was die Sprache handhabt: „Ohne Menschen gibt es keine Physik" (Weizsäcker).

Wenn nun ein menschliches Bewußtsein – und wir können bisher nur von solchem berichten – vorhanden ist und kein Wissen, dann eröffnet sich bzw. bleibt die Möglichkeit des Fabulierens. Dagegen ist nichts einzuwenden – solange man dieses Tun nicht mit „Berichten" verwechselt.

Man kann etwas leichtfertig formulieren, daß Wissen bedeutet, daß der Zustand so ist, wie man weiß. Was aber kann man wissen?

Sicherlich kann man Fakten der Vergangenheit wissen. Diesen Fakten können wir, ohne sofort in Schwierigkeiten zu geraten, so etwas wie eine „objektive Existenz" zuschreiben – wie in dem von Weizsäcker gern aufgeführten Beispiel mit Napoleons Geburtsdatum. Unter den Historikern ist dessen genaues Jahr umstritten, da – möglicherweise – Napoleon ein um zwei Jahre späteres Datum angegeben hat, um bereits bei „Geburt" französischer Staatsbürger gewesen zu sein, was für eine Offizierskarriere von Bedeutung war.

Aber unabhängig davon, ob und wie Menschen davon Kenntnis haben werden, wird doch jeder glauben, daß Napoleon nur an einem einzigen Tag tatsächlich geboren wurde. Allerdings bleibt bis zur Kenntnisnahme alles Sprechen darüber – auch soeben das meinige – ein reines Fabulieren!

Wissen über Zukünftiges kann nicht als Faktum, sondern nur als Wahrscheinlichkeitsprognose vorliegen, zu welcher der Terminus „objektive Existenz" wohl nicht der passende ist. Wenn trotzdem über Zukünftiges so fabuliert wird, als wenn es ebenfalls eine „objektive Existenz" hätte, so werden Widersprüche nicht zu vermeiden sein.

Als „Wissen" könnte man Prognosen über Zukünftiges höchstens insoweit bezeichnen, als sie intersubjektiv nachprüfbar sind. Jeder, der dieselben Informationen über die faktische Ausgangssituation hat, wird dann mit den gleichen Naturgesetzen zur gleichen Prognose gelangen, d. h., die Einzelperson als solche ist hierbei unwesentlich. Da aber *bis heute von keinem Naturgesetz bekannt ist, daß es mit Sicherheit gelten muß*, ist es vorzuziehen, lieber vom Fabulieren zu sprechen.

Wissen wird, vor allem im Rahmen der Wissenschaften, weitgehend mit sprachlich Vermittelbarem gleichgesetzt. Selbstverständlich werden damit weite Bereiche ausgeblendet, trotzdem wird eine Weiterentwicklung weg von dieser Einschränkung in unserer Kultur nur langsam vonstatten gehen.

Sprachlich vermittelbares Wissen bedeutet Denken in Begriffen. Begriffe sondern aus der Fülle der Wirklichkeit Teile aus, die *durch* ihre Bezeichnung vom Rest der Welt abgegrenzt werden. Die klassische Physik stellt sicherlich die stärkste Ausprägung dieser Tendenz dar. Sie beschreibt Objekte, die als solche klar von anderen Objekten abgegrenzt sind. Dieses Zerlegen und Trennen ist eine sehr gute Annäherung an die Wirklichkeit. Wenn nach den Gesetzen der klassischen Physik Raumsonden konstruiert und auf ihre Reise geschickt werden und diese nach Jahren des Fluges durch unser Sonnensystem zur vorherberechneten Zeit im vorherberechneten Abstand an den Planeten vorbeifliegen, so heißt dies, daß hier vieles von der Wirklichkeit sehr gut erfaßt worden ist.

Daß dies so gut geht, so Weizsäcker, liegt daran, daß der Raum heute „fast leer" ist. In Zeiten kurz nach dem Urknall wird dies nach Meinung der meisten Physiker wesentlich anders gewesen sein. Wenn die ganze Materie des Kosmos etwa so dicht ist wie heute im Inneren des Atomkernes, dann ist eine Trennung in Einzelobjekte nicht einmal theoretisch vorstellbar. Jetzt, d. h. etwa 20 Milliarden Jahre später, ist nicht nur der Raum zwischen den Himmelskörpern, sondern auch zum Beispiel innerhalb der Atome im wesentlichen „leer". Man hat dies beispielsweise schon an den ersten Streuversuchen von Atomkernen an dünnen Metallfolien gesehen. Diese Folien sehen zwar „dicht" aus, aber die meisten Kerne durchfliegen sie, ohne daß sie dabei abgelenkt werden, so als ob sie einen leeren Raum durchqueren würden. Diese Leere der Atomhülle erlaubt es, daß wir mit der Beschreibung der Atome als Kern und Hülle beispielsweise ein gute Annäherung an die Tatsachen erreichen.

Die erwähnten Korrelationen, die durch die Quantentheorie in die physikalische Beschreibung gelangt sind, machen aber in sehr vielen Fällen diese Trennung in Einzelobjekte unmöglich. Leerheit muß daher relativ verstanden werden. Um zu wiederholen: Wenn die Materie sehr dicht ist, kann eine Zerlegung in Einzelobjekte nicht erfolgreich gelingen. Im umgekehrten Fall ist dies unter Umständen möglich.

Wir wollen noch einen zweiten Rundgang durch den Problembereich unternehmen, der mit dem „Wissen" zusammenhängt.

Wir hatten davon gesprochen, daß die Quantentheorie „die Physik der Ganzheit" sei. Beginnen wir daher jetzt mit dem „Ganzen"; in der Sprache Platons mit dem „Einen". Dieses Eine ist die oberste Wirklichkeit, die nicht nur jenseits der Logik, sondern auch jenseits der Sprache liegt. Sie ist dem Mystiker möglicherweise in der Schau zugänglich, kann aber auch von ihm nicht wirklich in Worte übersetzt werden. Jeder Versuch des Sprechens führt in die Philosophie des Abstieges, mit welchem dem Aufstieg vom Alltäglichen zum Einen ein Wiederabstieg vom Einen zur alltäglichen Wirklichkeit zur Seite gestellt werden soll. Bis zum heutigen Tage war dies ein unerfüllbares Programm, denn es würde ja nicht nur die Herleitung der philosophischen Terminologie erfordern, sondern viel weitergehend eine Rekonstruktion alles Gewußten und Wißbaren bedingen. Beim heutigen Stand unseres Wissens kann man beginnen zu hoffen, daß dieses Programm vielleicht erfüllbar sein könnte.

Wenn wir nachdenken, vielleicht mit geschlossenen Augen, so ist uns spontan klar und deutlich, daß wir über das von uns Gedachte reflektieren können. Das Denken kann über das Denken nachdenken.

Wie aber ist es mit dem anderen?

Wie erhalten wir Sinneseindrücke, Wahrnehmungen; und wie gelangen diese in das Denken? Schließlich gibt es außerdem Sinnestäuschungen!

Überlegungen zu diesen Fragen haben René Descartes zu seinem berühmten Satz geführt „Cogito ergo sum", welcher ins Deutsche übertragen wird mit: „Ich denke, also bin ich." In der „Tragweite der Wissenschaft" beschreibt Weizsäcker diesen großen abendländischen Denker. Er schlägt als Übertragung dieses

Satzes vor[2]: „Wann immer ich zweifle, zweifle ich nicht an allem."

Descartes wollte Gewißheit, eine Gewißheit von der Strenge, wie sie nur die Mathematik liefern kann. Er war der Meinung, daß er sein eigenes Denken kenne, und wollte alles andere, die ausgedehnte Wirklichkeit, nach der Art der Mathematik – „more geometrico" – erkennen (denn Mathematik bestand zu seiner Zeit vor allem aus der Geometrie). Dies führte Descartes dazu, zwei Substanzen – Grundwesenheiten – zu postulieren: res cogitans und res extensa – die denkende und die ausgedehnte Substanz. In heutiger Sprache bezeichnen wir diese als Bewußtsein und als Materie. Spätestens seit Sigmund Freud wissen wir auch in unserer Kultur, daß das Bewußtsein sich nur zu einem Teil selbst kennt. Weizsäcker formuliert gern: „Bewußtsein ist ein unbewußter Akt." Aber trotzdem bleibt es gewiß, daß das Bewußtsein sich selbst unmittelbar wahrnehmen kann. In der Sprache der deutschen Philosophie könnte man versuchen zu formulieren: „Geistiges kann Geistiges wissen."

Aber wie wissen wir von der Materie? Die Konzepte in der abendländischen Wissenschaft haben bisher auf der von Descartes postulierten Zweiteilung der Wirklichkeit beruht. Wie dann das Denken die Materie erfaßt, bleibt dabei ungelöst. Meistens läßt man dieses Problem einfach beiseite. Wenn man sich selbst zugibt, daß dies keine Lösung ist, postuliert man den sogenannten psychophysischen Parallelismus. Dies ist eine geheimnisvolle und völlig unerklärte Automatik zwischen Sinneseindrücken und Denken. Diese führt dazu, daß die Sinneseindrücke – welche mittels physiologischer Vorgänge von den Rezeptorzellen unseres Körpers über Nervenbahnen bis zu Erregungszuständen im Gehirn naturwissenschaftlich erklärbare Reaktionen auslösen – eine Entsprechung in unserem Denken erhalten.

In Weizsäckers Philosophie wird dieses als ausgesprochen unbefriedigend erklärt und ein Ansatz gegeben, dies zu überwinden. Geistiges kann Geistiges wahrnehmen – in gewissen Maße, wie

---

[2] Die Tragweite der Wissenschaft, S. 255.

wir von unseren aus dem Unbewußten aufsteigenden Regungen her selbst wissen – warum muß es noch eine zweite Substanz – res extensa, Materie – geben?

Hiermit ist selbstverständlich nicht gemeint, daß wir etwa die Wirklichkeit auf Gedanken reduzieren könnten oder wollten. Selbstverständlich glauben wir nicht, daß wir uns die Realität nur einbilden. – Aber es ist möglich, daß das, was wir mit den Begriffen Geist und Materie bezeichnen, nur verschiedene Erscheinungsformen derselben Substanz sein könnten. Dies würde ein prinzipielles Problem der Erkenntnis auf eine verblüffend einfache Weise lösen: wenn alles geistiger Natur ist, ist die Erkenntnis des Geistigen durch Geistiges kein Problem mehr. Und daß dies stets nur in einem gewissen Grade möglich ist, ist selbstverständlich.

Solche Ideen sind so neu nicht. Im deutschen Idealismus sind sie vertreten worden. Aber in dieser Zeit mußten sie eine philosophische Spekulation bleiben. Weizsäcker nimmt sie in einem gewissen Maße wieder auf. Ein Spruch, den er Schelling zuschreibt, ist besonders schön: „Natur ist Geist, der sich nicht als Geist kennt." Denn ganz wesentlich für das Verständnis von Geist ist, daß unterschieden wird zwischen Bewußtsein und Selbstbewußtsein. Bewußtsein ist ursprünglich. Wissen, daß man weiß – Reflexion –, ist erst eine sehr viel spätere Leistung, später sowohl im Sinne der Evolution als auch im Sinne der Individualentwicklung.

Weizsäcker also vertritt einen, wie er es formuliert, spirituellen Monismus. Monismus bedeutete, daß nur eine Substanz, eine einzige Wirklichkeit behauptet wird, und nicht zwei, von denen man nicht erklären kann, wie sie zusammenwirken. Spirituell bedeutet, daß diese eine Wirklichkeit durch Eigenschaften erklärt wird, die nicht primär materiell, sondern geistig sind. In naturwissenschaftlicher Sprache würde man sagen, daß die Information der Grundbegriff ist, aus welchem Energie und auch Materie abgeleitet werden.

Nun sind wir bei unserer zweiten Runde des Kreisganges nach einem Halbkreis wieder bei den Naturwissenschaften angelangt. Und hier wird dem Leser vielleicht deutlich, warum Weizsäckers

Ur-Theorie hier so hoch eingeschätzt wird. Mit den Uren, welche in erster Linie Information sind, haben wir heute eine Möglichkeit gefunden, das, was bisher philosophische Spekulation war, durch Naturwissenschaft zu erhärten. Mit den Uren haben wir ein konkretes und zum Teil schon ausgeführtes Programm an der Hand, um zu erklären, wie aus Information Materie werden kann. Die konkrete Verkoppelung von Informationen mit den massebehafteten Teilchen, mit der Kosmologie und den Kräften der Wechselwirkungen hat meines Erachtens nicht nur für die Naturwissenschaften, sondern auch für die Philosophie eine große Bedeutung.

Wir wollen versuchen, den begonnenen Rundgang zu schließen. Die Interpretation der Wellenfunktion in der Kopenhagener Deutung war, daß die Wellenfunktion als Wissen verstanden werden kann. In Weizsäckers Ansatz der Triestiner Theorie gilt, daß die Wellenfunktion auch einen Anteil an der „Realität" besitzen soll, daß sie auch ohne sofortigen Rückgriff auf den Menschen als Inhaber des Wissens definierbar sein soll. Aus der Ur-Theorie folgt nun, daß die Hoffnung zu Recht besteht, diese beiden Ansätze auszuführen. Wenn die Substanz – die Struktur der „Realität" – die Qualität von Geist, von Wißbarem hat, dann muß man nicht befürchten, zwischen diesen beiden Interpretationen auf unüberbrückbare Widersprüche stoßen zu müssen.

Der Holismus der Quantentheorie, der für die „Materie" dazu geführt hat, daß deren Aufteilung in getrennte Objekte in Strenge nur als Näherung verstanden werden darf, wird auch bezüglich des Bewußtseins dahin führen, getrenntes Einzelbewußtsein ebenfalls nur als Näherung zu verstehen. Damit kann es in Wahrheit verstanden werden als ein Teil von einem ganzen, einigen Bewußtsein. Darüber werden wir später noch genauer nachdenken.

Ein Gesichtspunkt des Wissens ist bisher noch etwas zu kurz gekommen. Das meiste von dem, was wir unter „Wissen" einordnen, kennen wir nicht durch unmittelbare Wahrnehmungen, sondern wir erschließen es aus diesen mit Hilfe von Naturgesetzen. Damit stellt sich aber die Frage, woher wir wissen, wieweit wir den Naturgesetzen vertrauen können.

3.3 Wieso gelten Naturgesetze?

Was versteht man im normalen Sprachgebrauch unter einem Naturgesetz?

Ein Naturgesetz besteht aus zwei Teilen. Im ersten werden bestimmte Bedingungen aufgeführt, die gegeben sein müssen oder die man festzulegen hat, und im zweiten wird dann angegeben, wie sich das beschriebene System daraufhin verhalten wird. Üblicherweise werden die Bedingungen als sogenannte Anfangsbedingungen formuliert: Wenn *jetzt* dies und jenes vorliegt, dann wird in Zukunft das und das geschehen. Dabei können wir zwischen deterministischen und statistischen Gesetzen unterscheiden. Bei den deterministischen Gesetzen folgt das spätere Verhalten aus genauen Anfangsbedingungen mit Sicherheit, gute Beispiele sind die Vorhersagen von Sonnenfinsternissen, bei statistischen mit Wahrscheinlichkeit, wie in vielen Fällen bei Quantensystemen. Lediglich statistische Vorhersagen sind auch in dem Fall nur zu erreichen, wenn bei deterministischen Gesetzen die Anfangsbedingungen nur ungenau vorliegen.

Daß – sogar mathematisch formulierbare – Naturgesetze gelten, gehört zu den Grundüberzeugungen unserer moderndn Zivilisation. Wie Weizsäcker betont, gehören zum harten Kern der Neuzeit die Naturwissenschaften und innerhalb von diesen spielt die Physik die zentrale Rolle. Physik ist überhaupt nur soweit als Wissenschaft akzeptiert, wie sie in Form von mathematischen Gesetzen vorliegt. Daß diese Gesetze einen enorm weiten Gültigkeitsbereich besitzen, zeigen die aus ihr herrührenden technischen Anwendungen. Wir vertrauen ihnen in unserem täglichen Leben in der Regel blind, und dies wohl auch zu Recht. Wir wissen wohl alle, daß Naturgesetze nicht übertreten werden können, im tiefen Gegensatz zu den juristischen Gesetzen. Und wenn, wie dies in den sechziger Jahren in der DDR vorgekommen ist, von Politikern gefordert wird, den Wirkungsgrad von Wärmekraftmaschinen im Sozialismus über den von der Thermodynamik zugelassenen Wert hinaus zu erhöhen, so gibt dies nur Anlaß zur Erheiterung. Wenn technische Einrichtungen versagen und nicht, wie erhofft, funktionieren, so wird keiner darauf setzen, daß Naturgesetze gebrochen sind, sondern daß einige von ihnen zuvor nicht beachtet worden sind, zum Beispiel solche über die Festigkeit von Materialien oder über das Verhalten bei nichtlinearen Schwingungen.

Die Gesamtheit der physikalischen Gesetze ist vergleichbar einem großen Gerüst mit vielen Verstrebungen, die einander halten und absichern. So werden Ergebnisse aus den Labors der Elementarteilchenphysiker gestützt durch die Beobachtungen der Astrophysiker, und Berechnungen der Theoretiker geprüft durch die Resultate der Experimentatoren. Von Zeit zu Zeit wird der eine oder andere Teil dieses Gerüstes korrigiert, aber das Wundersame daran ist, daß das Ganze danach noch fester steht als zuvor.

Dies ist alles gut und richtig, verdeckt aber ein schwerwiegendes Problem. Naturgesetze werden von uns vor allem dazu verwendet, aus jetzt vorliegenden Fakten Künftiges vorherzusagen oder, in der Technik, vorherzubestimmen; ja, ihr ganzer Sinn liegt darin, die noch unbekannte Zukunft soweit wie möglich festzulegen, unserem Zugriff zu unterwerfen. Es wird deutlich, daß Naturgesetze selbstverständlich nur so verstanden werden können, daß sie in der Zukunft gültig sind. Aber woher können wir dies wissen?

Gefunden werden die Naturgesetze durch einen intuitiven Prozeß (man könnte auch einfacher sagen: durch Raten) an Hand von Fakten, d. h. von vergangenen Ereignissen, wozu an erster Stelle die Ergebnisse von Experimenten gehören. Es ist eine den Philosophen seit alters wohlbekannte Tatsache, daß aus der Vergangenheit logisch nichts für die Zukunft folgt. In der Neuzeit wurde dies in besonderer Schärfe von David Hume formuliert, was der Leser in größerer Breite in Weizsäckers „Die Tragweite der Wissenschaft" nachlesen kann. Sehr verkürzt stellt Hume folgendes fest: Daraus, daß bisher jeden Tag die Sonne aufgegangen ist, folgt logisch überhaupt nicht, daß sie dies auch morgen tun wird. Das morgige Aufgehen der Sonne wäre nur genau dann *notwendig*, wenn wir schon ein Naturgesetz besitzen, aus welchem dieses folgt. Damit ist aber auch klar, daß für eine mögliche Begründung des Naturgesetzes ein anderer Mechanismus verwendet werden muß; die empirischen Fakten der Vergangenheit können für seine Begründung nichts liefern.

Wir sehen also, daß wir die Naturgesetze, die in unserer Erfahrung so überaus genau gelten, aus dieser unserer Erfahrung nicht begründen können. C. F. v. Weizsäcker kommt das Verdienst zu, die Physiker immer wieder an diese von ihnen so sehr verdrängte Tatsache erinnert zu haben. Andererseits sind die Erfahrungen, welche wir mit der Natur machen, durch die Naturgesetze so gut beschrieben, daß wir nicht umhinkönnen, nach dem dafür vorliegenden Grund zu fragen.

3.4 Die Begründung der Naturgesetze

Wir haben gesehen, daß die von uns erkannten Naturgesetze mit einer fabelhaften Präzision gelten, daß wir aber bisher nicht begründen konnten, wieso dies so ist.

Ein sehr bedenkenswerter Lösungsvorschlag für dieses Problem stammt von Imanuel Kant, dem großen deutschen Philosophen aus Königsberg. Mit dessen Ansatz setzt sich Weizsäcker in seinen Büchern, vor allem in „Die Einheit der Natur", „Die Tragweite der Wissenschaft" und auch im „Aufbau der Physik" auseinander. In einer modernen Sprache wird dort die Schwierigkeit und Kants Lösungsvorschlag dargelegt. Auch die Dissertation von Peter Plaas, dem früh verstorbenen Schüler Weizsäckers, von welcher Kapitel IV. 3 der „Einheit der Natur" handelt, und die ebenfalls als Buch erhältliche Habilitationsschrift von Michael Drieschner sind von diesem faszinierenden Programm beeinflußt. Im folgenden soll versucht werden, es möglichst einfach zu beschreiben.

David Hume, der dieses Problem klar und zwingend in die philosophische Diskussion der Neuzeit einführte, bietet an, daß unsere Erfahrungen, die ja ein Schließen von Vergangenem auf Künftiges beinhalten, als Gewohnheiten verstanden werden sollen.

Weizsäcker ist mit dieser Lösung nicht einverstanden. Selbst wenn die Gewohnheiten sich im Laufe der Evolution bei der Auseinandersetzung unserer Vorfahren mit ihrer Umwelt herausgebildet haben sollten, so nützt dies nichts, um Humes eigenes Argument über die Zukunft zu überwinden. Im Gegenteil, der Begriff „Gewohnheit" erklärt nichts. Wenn die Naturgesetze etwa nur die Qualität der Bauernregeln für das Wetter hätten (Motto: „Kräht der Hahn auf dem Mist, ändert sich das Wetter, oder es bleibt, wie es ist"), dann könnten wir es vielleicht dabei bewenden lassen. Beim heutigen Stande der Wissenschaft und der so vielfach erwiesenen Genauigkeit ihrer Vorhersagen ist dies nicht mehr möglich.

Wir wollen uns nun Weizsäckers Kant-Interpretation in einer vereinfachenden Weise nähern. Es ist zu hoffen, daß trotzdem die Gewalt der Argumente deutlich gemacht werden kann und darüber hinaus im daran interessierten Leser Lust auf die Originallektüre geweckt werden kann [3].

Beginnen wir mit dem Ergebnis und versuchen wir dann zu verstehen, was mit den Behauptungen gemeint ist:

In der Erfahrung müssen notwendigerweise und streng all solche Gesetze gelten, welche bereits allein aus den Vorbedingungen von jeder möglichen Erfahrung folgen.

Aus diesem Satz folgen sofort einige Fragen:

Was sind beispielsweise Vorbedingungen für jede mögliche Erfahrung?

Können wir diese Vorbedingungen von möglichen Erfahrungen vollständig – allesamt – erkennen?

Kann diese Erkenntnis a priori sein – d. h., kann sie gelingen, ohne daß wir einen Rückgriff auf Erfahrung einbeziehen müssen?

Wenn die Vorbedingungen erkannt sind, welche Gesetze, die dann, wie erläutert, in der Erfahrung mit Notwendigkeit gelten, kann man möglicherweise allein aus diesen Vorbedingungen ableiten?

Aus dem Umfang der Fragen wird der Leser erahnen, daß die Antwort darauf nicht leicht gegeben werden kann.

Weizsäckers Ansatz besteht in der *Arbeitshypothese:* Das Ziel

---

[3] Zum Beispiel in „Die Einheit der Natur", Kapitel IV, 2 und IV, 3, oder in „Die Tragweite der Wissenschaft", Teil 1, 7. Vorlesung und vor allem Teil 2, 3.–6. Vorlesung.

der Untersuchungen soll sein, zu sehen, wieweit es möglich ist, die Physik aus Vorbedingungen für Erfahrung zu begründen.

Er betont oft, daß er nicht daran glaubt, daß eine Ableitung der Physik a priori möglich sein kann. Dies deswegen, weil es nicht zu erwarten sei, daß die Vorbedingungen für Erfahrung komplett und ohne Rückgriff auf Erfahrung von uns formuliert werden könnten. Hierzu ist seine Philosophie des Kreisganges eine wichtige Erklärungshilfe: Aus den Gesetzen der Physik werden die der Chemie begründbar werden. Aus beiden wird man die Molekularbiologie verstehen können. Die biologischen Gesetzmäßigkeiten werden gestatten, auch diejenigen der Wahrnehmungsphysiologie von höheren Tieren und unter diesen auch die vom Menschen zu erklären. Mit all dem muß die anthropologische Grundlage gelegt werden, aus der dann begründet werden kann, welche Voraussetzungen beim Menschen aus naturwissenschaftlicher Sicht für die Möglichkeit von „Erfahrung" bestehen mögen. Daß es uns gelingen sollte, diesen riesigen Bogen auch ohne Rückgriff auf die empirischen Wissenschaften zu schlagen, wäre ein fast absurd kühner Gedanke.

Im Sinne der Weizsäckerschen Philosophie ist es somit im Sinne der semantischen Konsistenz nur konsequent, nicht vorauszusetzen, daß der Mensch fähig sein sollte, die Vorbedingungen der Erfahrung vollständig aus bloßer Vernunft – a priori – erkennen zu können.

Nach dem Zurücklegen dieses soeben kurz skizzierten, in Wahrheit sehr langen und mehrmals zu durchschreitenden Weges durch alle empirischen Wissenschaften werden wir vermutlich neu erkennen, was außer dem bis dahin bereits Erkannten noch weiterhin zu den begreifbaren Vorbedingen der Erfahrung gehört, die mit den bis dahin gewonnenen Erkenntnissen erst formulierbar geworden sein werden.

Wie Weizsäcker betont, ist zu erwarten, daß, so wenig wie ein *absoluter* Zweifel möglich ist, genauso wenig absolute Gewißheit für uns Menschen zu erreichen ist. Die Folge ist, wir wissen nicht, wieso und wieweit wir den von uns erkannten Naturgesetzen mit letztendlicher Gewißheit trauen können. Naturwissenschaft wird also nur eine *Annäherung* an die Wirklichkeit sein können, wobei wir offenlassen müssen, was alles mit dem Begriff „Wirklichkeit" gemeint sein kann. Als eine Kurzformel ergibt sich: Naturgesetze gelten niemals *streng*.

Nach all diesen Vorbemerkungen können wir uns nun der Weizsäckerschen Arbeitshypothese zuwenden und uns überlegen, was nun schon heute als Vorbedingung möglicher Erfahrung erkennbar ist.

Erfahrung kann definiert werden als ein Lernen aus der Vergangenheit, um Vorhersagen für die Zukunft zu ermöglichen.

Wenn man überhaupt von Erfahrung sprechen will, ist damit bereits der Unterschied von Vergangenheit und Zukunft als schon verstanden zugegeben. Dieser Teil der Zeitstruktur ist auf jeden Fall eine der notwendigen Vorbedingung für Erfahrung, ohne sie wäre der Sinn des Begriffes nicht einmal formulierbar.

Eine weitere Vorbedingung ist, daß es empirisch entscheidbare, isolierte endliche Alternativen geben muß. Wenn nicht Teile der Wirklichkeit isoliert werden könnten, müßte zugleich alles mit allem betrachtet werden. Dies ist aber dem Menschen unmöglich, darüber wären wir nicht in der Lage, anderen sprachlich etwas Überprüfbares mitzuteilen. Aus den oben über die Quantentheorie gemachten Ausführungen wissen wir aber nun, daß diese Forderung in Strenge falsch ist. Als „Physik der Ganzheit" widerspricht sie der Zerlegung der Wirklichkeit in unzusammenhängende Teile und verweist uns zurück auf den soeben skizzierten Approximationscharakter der Physik.

Der so faszinierende Kantsche Ansatz kann aus heutiger Sicht offenbar nur für eine Annäherung an die Wirklichkeit verwendet werden. Wir werden daher nicht umhinkönnen, für die Rekonstruktion der Physik auch realistische Hypothesen zu verwenden. In einem langen Gespräch im Mai 1990 über die erkenntnistheoretischen Grundlagen der Physik meinte Weizsäcker, daß vielleicht nur die Möglichkeit einer platonischen Erkenntnistheorie verbleibt. Wir dürfen gespannt sein, was in „Zeit und Wissen" dazu gesagt werden wird.

Aus „Der Mensch in seiner Geschichte" soll ein Zitat folgen, das als eine kurze Charakterisierung von Platons Philosophie zu diesem Gesichtspunkt angesehen werden kann[4]: „Der Gedanke denkt das Seiende, also denkt der Fortschritt des Gedankens, d. h. die Bewegung des Gedankens, die seiende Bewegung. Bewegung ist so der Schlüsselbegriff der Vermittlung des Einen mit dem Vielen. Platons Philosophie des Abstieges, d. h. seine eigentliche Philosophie, ist Philosophie der Bewegung." Hier ist Bewegung – Zeit – nicht nur Bedingung für Erkenntnis, sondern auch für die Entfaltung des Seins: In Weizsäckers Philosophie ist beides in seinem Wesen nicht verschieden.

3.5 Ist Wissenschaft auf sich selbst gegründet?

Wenn die Begründung der Naturwissenschaften so unsicher und unklar ist, andererseits deren ungeheurer Erfolg diese Schwierigkeiten so gewaltig – und auch gewaltsam – überdeckt, dann stellt sich von selbst die Frage, ob es einen anderen Grund geben kann, auf dem die Wissenschaften sich, und vor allem, auf dem wir Menschen uns gründen können.

Wir sind hier vor Grenzen gelangt, die überschritten werden wollen. Weizsäcker nennt drei[5]:
a) Physik jenseits der Quantentheorie,
b) menschliches Wissen jenseits der Physik,
c) Sein jenseits menschlichen Wissens,
die er jeweils durch eine selbstkritische Erwägung im Rahmen des betreffenden Fragenkreises verdeutlicht.

Aus der Deutungsdebatte der Quantentheorie ist der Indeterminismus „als unverdaulicher Brocken" übriggeblieben. Zum einen ist er der Ausdruck für das quantentheoretische Mehrwissen, aber andererseits wird er als „Unbestimmtheit" charakterisiert. Damit hängt zusammen, daß die Näherung von „getrennten Objekten" von der Quantentheorie bei ihrer konsequenten Durchführung nicht gemacht werden dürfte und weiter, daß die Zeit als „reeller Parameter" nur eine Fiktion sein kann. Diese drei

---

[4] Der Mensch in seiner Geschichte, S. 87.
[5] Aufbau der Physik, Kap. 13.

Fragen weisen nach Weizsäcker die Quantentheorie über sich hinaus.

Zur Selbstkritik der Physik schreibt er[6]: „Wir haben die Physik auf dem Begriff der entscheidbaren Alternative aufgebaut. Dies ist eine außerordentliche Vereinfachung der tatsächlichen Erkenntnisleistung des Menschen. Unsere Erkenntnisse über Menschen, auch über uns selbst, und über unsere nichtmenschliche Umwelt sind fast stets affektiv und willensbezogen. Sie werden so gut wie nie vollständig sprachlich formuliert. Eher werden sie unmittelbar in Handlung umgesetzt, oder sie dienen einer unartikulierten Orientiertheit. Es ist eine logische These, daß sich Aussagen als Antworten auf Alternativfragen auffassen lassen. Aber was dabei an Information verlorengeht, kann gerade die logische Konstruktion nicht ans Tageslicht bringen. In menschlichen Leistungen, wie Kunst, Mythos, Kultur, gesellschaftlichen Umgangsformen, finden wir eine Weise des Wissens vor, die möglicherweise beim Versuch der logischen (und folglich physikalischen) Analyse ihrem Wesen nach verlorengehen. Wenn Bohr die Komplementarität selbst in der Physik wiederfand, so war der Hauptgrund dafür, daß ihn gerade der Verlust möglicher Informationen, der mit jeder Messung notwendig verbunden ist, an den Verständnisverlust erinnert, den jede logische Entscheidung mit sich bringt."

Weiterhin führt er aus: „Sein jenseits des Wissens meint ein Sein jenseits dessen, was wir wissen können, zugleich aber ein Sein, das für uns lebenswichtig ist. Die Tradition der menschlichen Kulturen sucht solches Sein meist in der Religion. Unser Verhalten zu ihm nennt unsere christliche Tradition Glauben."

Bevor wir uns den Fragen des Glaubens zuwenden, seien noch Weizsäckers Antworten auf die durch die obige Kritik aufgeworfenen Fragen skizziert. Sie sind, für den Leser gewiß nicht unerwartet, mit dem Verständnis von Zeit verbunden.

Weizsäcker vergleicht seinen Aufbau der Physik mit Einsteins Hoffnung, welcher der Scheidung zwischen Vergangenheit, Gegenwart und Zukunft nur die Bedeutung einer, wenn auch hart-

---

[6] Ebd., Kap. 13, S. 592 f., gekürzt zitiert.

näckigen, Illusion zuschreiben möchte. Er erwägt drei mögliche Lösungen und beginnt mit der „Faktizität der Zukunft" als der ersten Denkmöglichkeit:

Faktizität der Zukunft

Wir verzichten auf die Hypothese einer *kausalen* Bestimmung der Zukunft und beschreiben diese als faktisch, aber nicht notwendig. Aus dieser spekulativen Erwägung folgt in einer zweiten gedanklichen Näherung die Möglichkeit von „Dokumenten der Zukunft", die Möglichkeit von Prophetie. Dazu führt er aus[7]: „Ich gestehe, daß ich keinen Versuch gemacht habe, Prophezeiungen empirisch zu überprüfen, und daß ich eine tiefe Abneigung dagegen habe, es zu tun. Hierin verrät sich vielleicht eine tiefere *moralische Legitimität* der wissenschaftlichen Ablehnung. Sollen wir die Zukunft faktisch wissen? Würden wir es ertragen? Ich erläutere dies mit einer Anekdote, die ich im politischen Zusammenhang schon mehrfach erzählt habe. Um 1960 fragte mich ein Jugendfreund: ‚Meinst du eigentlich, daß der Atomkrieg kommt, von dem du so viel sprichst?' Ohne Nachdenken, ohne Zögern antwortete ich: ‚Das weiß ich nicht.' Noch immer ohne Zögern. Das darf ich nicht wissen.' Dann dachte ich nach. In der Tat: Wüßte ich gewiß, daß der Krieg nicht kommt, so würde ich mich nicht anstrengen, ihn zu verhindern; ich wüßte mich dann besser zu beschäftigen. Wüßte ich gewiß, daß er kommt, so würde ich *diese* Anstrengung auch nicht mehr machen, sondern eine andere, zum Beispiel Schadensbegrenzung. Ich *soll* mich aber anstrengen, um ihn zu verhindern ... Mit anderen Worten: Menschliches Handeln ist nur möglich unter der Voraussetzung, daß es etwas bewirkt."

Dieses Zitat ist auch deshalb hier eingefügt, um dem Leser zu verdeutlichen, wie in Weizsäckers Philosophie auch die abstrakten Probleme stets mit ethischen Fragen verbunden bleiben.

Die physikalischen Überlegungen benötigen so viel fachspezifi-

---

[7] Ebd., Kap. 13, S. 599 f.

sche Kenntnisse, daß sie hier übergangen werden sollen. Sie schließen mit der Feststellung[8]: „Wir haben Faktizität und Möglichkeit als Bedingung wissenschaftlicher Erfahrung kennengelernt. Die gesuchte Theorie müßte vermutlich über diese beiden Grundbegriffe ähnlich hinausgehen, wie die Quantentheorie über die Grundbegriffe der klassischen Physik."

Möglichkeit der Vergangenheit

Dieses Gedankenspiel befaßt sich mit der Möglichkeit, daß die Wellenfunktion niemals reduziert wird, mit der Triestiner Theorie. In ihr geht es im Kern um die Selbstkenntnis des Bewußtseins. Das Opfer, das bei ihr gefordert werden müßte, wäre das des grundsätzlichen Begriffes der Faktizität. Der philosophische Gehalt kann vielleicht zusammengefaßt werden in die Anerkennung des Satzes von William James: „Bewußtsein ist ein unbewußter Akt"[9] in Verbindung mit der Feststellung der prinzipiellen Falschheit des von Sartre behaupteten: „Wissen ist wissen, daß man weiß".

Umfassende Gegenwart

Dies ist die letzte der drei Denkmöglichkeiten. Weizsäcker führt aus[10]: „Eine Rekonstruktion der Quantentheorie, die von einer reellen Zeitkoordinate ausgeht, kann nicht in Strenge semantisch konsistent werden. Der Fehler dürfte sachlich identisch sein mit dem Fehler der Annahme getrennter Objekte bzw. der Trennbarkeit der Alternativen. Nun ist uns die Trennbarkeit der Alternativen als Voraussetzung einer begrifflichen Beschreibung der Wirklichkeit erschienen. Wenn unsere Überlegungen richtig waren, so scheint es, daß wir mit ihnen eine Grenze bezeichnet haben, die unser begriffliches Denken nicht überschreiten kann."

Und etwas später weiter: „Was bedeutet ‚umfassende Gegen-

---

[8] Ebd., S. 603.
[9] Ebd., S. 610.
[10] Ebd., S. 614.

wart' phänomenologisch? Sie bedeutet nicht das Zerfallen der Zeit in diskrete Zeitpunkte oder Zeitspannen ..." „Als Beispiel einer umfassenden Gegenwart mag eine Melodie dienen. Nicht ihre einzelnen Töne sind die Melodie, sondern deren im Bewußtsein präsente komplette Abfolge. Die umfassende Gegenwart umfaßt also ein ‚ganzes' Ereignis, das nach Uhrzeit eine Zeitspanne ausfüllt ..." „Unser Vorschlag wäre nun, die Realität selbst nicht als zerlegt in punktuelle Ereignisse, sondern eben im Sinne der Individualität der Prozesse objektiv nach dem Muster der phänomenalen umfassenden Gegenwart zu beschreiben."

Die Überlegungen zur umfassenden Gegenwart enden mit der Vermutung: „Der wahre Gang der Welt dürfte weder räumlich noch zeitlich lokal sein. Diesen Gedanken können wir verbal-begrifflich nur noch durch Negation ausdrücken. Die uns verfügbare Physik beschreibt ihn nicht."

Jenseits der Physik

Mit diesen Schlüssen wird Weizsäcker genötigt zu versuchen, über die Physik hinauszudenken [11]: „Wer die Vorstellung eines unendlichen Wissens beiseite läßt, der kann in der pragmatischen Haltung verharren: Einiges wissen wir, anderes wissen wir nicht, die Grenze zwischen beiden ändert sich im Laufe der Zeit, und mehr können wir dazu nicht sagen. In der normalen Wissenschaft ist diese Haltung üblich und fruchtbar. Sie hat aber wohl niemals eine wissenschaftliche Revolution, eine abgeschlossene Theorie hervorgebracht. Sie hindert das Leiden des Konservativen an den Inkonsistenzen des Bestehenden. Darum haben sich die grundsätzlich denkenden Wissenschaftler wenigstens als heuristische Fiktion oft die Frage gestellt, wie das uns Unbekannte sich einem allwissenden Geist darstellen müßte."

Eine andere Fragestellung betrifft die Unterscheidung zwischen begrifflicher und nichtbegrifflicher Erkenntnis. „Sogar die wissenschaftliche Intuition reagiert auf Strukturen, die der Wissen-

---

[11] Ebd., S. 618 ff., gekürzt zitiert.

schaftler selbst meist nicht voll begrifflich auszusprechen vermag. Also ist es sehr wohl denkbar, daß eine Erkenntnis, die unser begriffliches Wissen übertrifft, eine wesentlich nichtbegriffliche Gestalt hat … Mit der Quantentheorie, so wie wir sie rekonstruiert und gedeutet haben, ist der Gedanke voll vereinbar, daß die Wirklichkeit ein nichträumlicher individueller Prozeß ist, den wir uns mit den geläufigen Worten als geistig zu beschreiben haben. Es ist eine alte Tradition, daß unser persönliches Bewußtsein nur eine Erscheinungsweise eines umfassenden Geistes ist …

… Wagen wir eine solche Sichtweise, so haben wir damit die Physik nicht widerlegt oder ‚überwunden‘. Wir haben uns vielmehr als Physiker genötigt, noch einmal die Reihenfolge der Argumente umzukehren. Wir gingen vom fraglosen Erfolg der Physik aus und fragten nach dem, was jenseits der Physik liegen mag. Jetzt gehen wir vom Gedanken einer umfassenden geistigen Wirklichkeit aus und müssen uns fragen, warum die Physik so erfolgreich ist. Wir steigen damit nur an einer anderen Stelle als zuvor in den Kreisgang ein. Wir kennen uns empirisch als Wesen mit endlichem Wissen. Wir mögen wissen oder glauben, daß dies nur eine Oberfläche einer tieferen ‚unendlichen‘ Wirklichkeit ist. Aber mit unserer Erscheinung als endliche Wesen sind Regeln gesetzt, denen gemäß wir die Wirklichkeit in endlichem Wissen, mit endlichen Alternativen spiegeln können. Das, so scheint es bisher, sind die Gesetze der Quantentheorie. Keine echte Errungenschaft der Aufklärung wird durch den Weg preisgegeben, der uns jenseits der Physik führt.“

Diese recht schwierigen Zitate sind hier aufgeführt worden, um aufzuzeigen, wie sich Weizsäckers Denken, aus dem Bestreben heraus, die Naturwissenschaft in ihren Grundlagen zu verstehen, gleichsam zwangsläufig den weitergehenden Fragen öffnet. Dies ist eine Haltung, die in der modernen Physik nicht allgemein üblich ist.

4 Der Glaube

4.1 Zum Verhältnis von Wissenschaft und Religion

Carl Friedrich v. Weizsäcker hat sich schon immer öffentlich dazu bekannt, Glied der evangelischen Kirche zu sein. Aber er hat auch stets betont, daß er bereits als junger Mensch nicht mehr in der Lage war, einen naiven und unreflektierten Kinderglauben zu behalten. Er berichtet, wie ihn bereits als Kind die Lektüre der Bergpredigt in ihrer Wahrheit unmittelbar berührt hat – und dann über das Erschrecken, daß er selbst und auch die Menschen, die ihm nahe sind und die er liebt, nicht nach dieser Wahrheit leben.

Das große Erlebnis für ihn als zwölfjährigen Jungen in einer Sommernacht in der Schweiz beim Anblick des klaren Sternenhimmels mit der ihm neugeschenkten Sternkarte war: „Hier ist Gott gegenwärtig – und die Sterne sind glühende Gaskugeln." In seinen Erzählungen fährt er dann fort: „Nur wußte ich noch nicht, wie beides zusammengehört."

Ein mögliches Motto über seinem Leben könnte sein, daß er versucht hat, dieses Problem so zu lösen, daß es für ihn und auch für andere mittelbar und verstehbar wird.

Sein eigenständiges Denken führte dazu, daß der sehr konservative Pfarrer in Kopenhagen, bei welchem er konfirmiert werden sollte, es beinahe erreicht hätte, ihm das Verbleiben in der Kirche unmöglich zu machen. Andererseits haben auch in unseren Tagen Menschen mit fundamentalistischen Einstellungen oftmals Schwierigkeiten, das Wesen seiner Ideen zu erfassen.

Eine Begebenheit bei einem frühen Besuch in den Vereinigten Staaten mag dieses erläutern. Er war vom lutherischen Studentenpfarrer an der Universität von Wisconsin zu einem Gespräch mit Studenten eingeladen worden. Dabei ging es um die Entstehung des Planetensystems, worüber er ja mehrere Jahre gearbeitet hatte. Ziemlich am Anfang der Diskussion wurde Weizsäcker dann von einer Studentin gefragt: „Wie alt ist die Welt?" Darauf er: „So etwa 5 bis 10 Milliarden Jahre." Wieder sie: „Ah, so, Sie sind also kein Christ, Professor?" Da er aber dieses durchaus behauptet hatte, schaute er verwundert auf den Pfarrer, welcher nur meinte: „It's very interesting. Go ahead." Daraufhin begann dann Weizsäkker, den Studenten zu erklären, wie seiner Meinung nach der Schöpfungsbericht zu verstehen sei und daß es in ihm um Gleichnisrede und nicht um einen wissenschaftlichen Bericht gehe.

Als er sich dann, nachdem die Studenten gegangen waren, entschuldigend an den Pfarrer wendete, weil er nicht wußte, inwieweit er vielleicht sein Gastrecht verletzt hatte, aber in dieser Situation seine Überzeugung nicht hatte verleugnen wollen, bekam er von diesem ungefähr folgendes zur Antwort: „Genau dafür habe ich Sie eingeladen. Ich selbst kann so etwas hier kaum vorbringen, ohne meine Stellung zu gefährden, und finde es doch so wichtig, daß die Studenten dieses erfahren."

Diese Anekdote betraf die eine Seite der Spannungen zwischen Religion und Naturwissenschaften. Es gibt noch eine zweite Seite dieses Verhältnisses, der wir uns später widmen wollen.

Mit den inhaltlichen Problemen, speziell mit „Schöpfung und Weltentstehung", setzt sich Weizsäcker ausführlich in einer Sammlung von Vorlesungen auseinander, die unter dem Titel „Die Tragweite der Wissenschaft" erschienen sind. Dem Leser sei Mut gemacht, sich diesem Buch als Ganzem einmal zuzuwenden. Weizsäcker beginnt damit, die moderne Wissenschaft unter den Kriterien zu betrachten, unter denen man gewöhnlich die Rolle der Religion untersucht: Gemeinsamer Glaube, organisierte Kirche, System von Verhaltensweisen. Er zeigt, daß dies vollkommen sinnvoll geschehen kann, um es dann sachkundig zu kritisieren. Am Ende des Buches faßt er zusammen[1]:

„Glaube an die Wissenschaft spielt die Rolle der vorherrschenden Religion unserer Zeit; und die Tragweite der Wissenschaft kann, zumindest jetzt, nur in Worten, die eine Zweideutigkeit ausdrücken, formuliert werden. Diese Zweideutigkeit ist am ehesten in der Ambivalenz des Erfolges zu sehen. Medizin und Hygiene haben Wege gefunden, Leben zu erhalten, und schaffen das unlösbare Problem der Weltbevölkerung; Atomwaffen, erfunden, um zu töten, sind das stärkste Argument für den Weltfrieden und erhalten ihn vielleicht für eine Weile."

---

[1] Die Tragweite der Wissenschaft, S. 405.

Die neunte Vorlesung „Astronomie unseres Jahrhunderts" ist für das Verhältnis von Wissenschaft und Religion deshalb bedeutsam, weil in ihr eine prinzipielle Auseinandersetzung mit den Problemen der Interpretation kosmologischer Forschung und der religiösen Interpretation von Schöpfung geführt wird. Gerade *weil* einige Beobachtungsbefunde uns heute zu einer etwas anderen Gewichtung der physikalischen Argumente geführt haben, sind Weizsäckers prinzipielle Überlegungen für uns heute so interessant. Der Schluß der Vorlesung sei daher hier zitiert[2]:

„Wenn man mich fragt, was den Gedanken eines zeitlichen Anfangens der Welt vielen bekennenden Christen so anziehend macht, so finde ich eine genaue Parallele zu den Gründen, die ich für die marxistische Vorliebe für die gegenteilige Ansicht vermute. Erstens möchten viele Christen ihre Religion gern wenigstens an einigen Stellen unfehlbar sehen, zumal nach so vielen Rückschlägen im Konflikt mit den Naturwissenschaften. Zweitens dient die endliche Dauer der Welt als ein Symbol des christlichen Verständnisses der menschlichen Geschichte, und ich meine, daß wir dieses Verständnis im höchsten Maße ernstnehmen müssen. Der dritte Grund (in einem vorangehenden Absatz hatte Weizsäcker diesbezüglich auf die Ablehnung einer endlichen Dauer der Welt durch den Marxismus zwecks Beförderung des Klassenkampfes, auch gegen die Kirche, hingewiesen), der aus der praktischen Politik stammt, hat vielleicht bei vielen Protestanten unserer Zeit, die sich der liberalen Forderung einer Trennung von Religion und Politik gefügt haben, weniger Gewicht; in der katholischen Welt ist eine andere Tradition lebendig, der solche Überlegungen nicht ganz fremd sind.

Wenn ich diesen Parallelismus richtig sehe, so weigere ich mich vielleicht mit Recht, in der Sachfrage der unendlichen Zeit Partei zu ergreifen, solange ich kein zwingendes naturwissenschaftliches Argument sehe. Die Vorstellung eines endlichen Alters der Welt scheint mir zwar heute, naturwissenschaftlich gesehen, die etwas besseren Chancen der Richtigkeit zu haben, aber wahrscheinlich

---

[2] Ebd. S. 171 ff., mit Kürzungen zitiert.

sieht die Wahrheit noch anders aus als alles, was uns bis heute eingefallen ist. Was uns weiterhin beschäftigen soll, ist nicht, was wir zu dieser Frage selbst meinen, sondern welche menschliche Haltung sich in einer Neigung zu dieser oder jener Ansicht ausspricht."

Der anderen Seite des Spannungsverhältnisses zwischen Religion und Naturwissenschaften wollen wir uns jetzt zuwenden. Aus der Geschichte der Naturwissenschaften in unserem Kulturkreis ist bekannt, daß noch bis hin in die Jugendzeit Weizsäckers ein offenes Miteinander von Naturwissenschaften und Religion kaum möglich war. Atheismus wurde von vielen als die einzig mögliche weltanschauliche Haltung angesehen, die mit einer wissenschaftlichen Bildung vereinbar sei.

Eine solche Haltung wurde bestärkt durch Versuche von kirchlicher Seite, aus den Lücken der Wissenschaften Bausteine für Gottesbeweise zu basteln. Dies hat Weizsäcker niemals für sinnvoll gehalten. Die Lücken in den Wissenschaften pflegen geschlossen zu werden. Vielmehr sollen ihre positiven Aussagen selbst als Hinweise verstanden werden. In einer frühen Arbeit [3] bemerkt er einmal: „Ist das Naturgesetz der Konkurrent Gottes und nicht eher eine Spiegelung, ein erster Hinweis auf ihn? Wenn wir irgendwo, sei es auch im Reich der Materie, eine Wahrheit erkannt haben, haben wir damit nicht im Gleichnis erfahren, was die Wahrheit selbst ist?"

Eine Zusammenfassung der erkenntnistheoretischen Problematik zwischen Naturwissenschaft und Religion findet man in „Der Mensch in seiner Geschichte" [4]. Einleitend weist Weizsäcker noch einmal darauf hin, daß er den Machtkampf in der Neuzeit zwischen Naturwissenschaft und Religion als Mißverständnis empfindet, und fragt, ob es denn nicht beiden um die *eine* Wirklichkeit geht?

Er zitiert Sigmund Freud mit den drei großen Kränkungen der Wissenschaft gegenüber dem Ich: „Kopernikus lehrte uns, daß wir nicht in der Mitte der Welt wohnen; Darwin, daß wir nur die Vet-

---

[3] Die Entstehung des Planetensystemes (1946).
[4] Der Mensch in seiner Geschichte, S. 210 ff., mit Kürzungen zitiert.

tern der Tiere sind; die Psychoanalyse, daß das bewußte Ich nicht Herr im eigenen Hause ist"; um sich dann mit ihnen auseinanderzusetzen[5]. Zur Schöpfungsproblematik soll daraus etwas zitiert werden:

„Die symbolische Bedeutung des Sieges der kopernikanischen Lehre war, daß damit die göttliche Autorität des „wörtlich" gelesenen Bibeltextes ein für allemal zerstört war. Dies war der Einbruch in eine viel zu naive Theologie, welche die Bibel als wörtliches Diktat eines allwissenden Gottes aufgefaßt hatte.

Viel tiefsinniger war der Streit um Mechanik und Schöpfungsbericht. Muß man, um an den Schöpfergott zu glauben, annehmen, das Sonnensystem habe nicht mechanisch entstehen können? Oder darf man in den Naturgesetzen Schöpfungsgedanken Gottes sehen?" Allerdings waren diese Fragen in der Geschichte noch zu simpel gestellt worden: „Gott ist hier noch sehr anthropomorph gesehen, wie ein großer Ingenieur oder allenfalls ein großer Musiker. Noch in heutigen Jahrzehnten tauchen ähnliche Naivitäten auf, so wenn der Anfang der kosmischen Zeit im ‚Urknall' als Argument für göttliche Schöpfung angesehen wird, gleich als ob Gott nicht auch jenseits der Zeit hätte eine unendlich dauernde Zeit erschaffen können."

Der Streit um Darwin war weniger hart, da der Sieg der Naturwissenschaften über naive Wortgläubigkeit längst entschieden war. Doch, so Weizsäcker, stellt sich hier eine tiefere Frage für das Selbstverständnis des Menschen als in der Astronomie. Zwar stammt der Mensch von den Tieren ab, aber sein Bewußtsein ist einsam unter den Lebewesen, in diesem Sinne ist er tatsächlich die „Krone der Schöpfung". Eine Antwort im Sinne der Evolutionstheorie wäre es, darauf hinzuweisen, daß Bewußtsein eine komplexe und somit späte Leistung ist: „Wissen ist spät in der Zeit." Weizsäcker fragt aber weiter, ob wir tatsächlich noch eine Jahrmilliarde warten müssen, bis auf dem Wege der biologischen Evolution Bewußtsein vielfach aufgetreten sein wird. Könnte es nicht sein, daß anstelle neuer genetischer Strukturen nur ein Be-

---

[5] Ebd., S. 213, mit Kürzungen zitiert.

wußtseinswandel unserer Kultur, nur eine neue Wahrnehmung vonnöten ist?

Bezüglich des *uns Unbewußten* werden Freud und Jung von Weizsäcker referiert und gedeutet. Er definiert[6] im Anschluß an den Biologen Martin Heisenberg „Wahrnehmung" als „durch Reize veranlaßte Änderung der Reaktionswahrscheinlichkeiten". Diese Definition meint, daß ein Tier oder auch wir selbst nicht auf jeden Reiz reagieren müssen. Aber wenn wir ihn überhaupt wahrnehmen, so ist zu erwarten, daß wir die Optionen für mögliche Handlungen neu gewichten. Weizsäcker kennzeichnet dann Bewußtsein als „Wahrnehmung der Wahrnehmung", und fährt fort: In der Reflexion auf die Quantentheorie ergibt sich, daß ich selbst, holistisch gesehen, ein Teil eines größeren Ganzen bin, dessen mögliches Bewußtsein auch in meinem Verhalten wirken kann, ohne daß ich es bewußt kenne. Diese Überlegungen können in Verbindung gebracht werden mit Vorstellungen von Jung, die Weizsäcker zitiert. Für diesen ist das „kollektive Unbewußte" eine einzige, die Individuen übergreifende Wirklichkeit. Jung sagt: „Ich ziehe den Terminus ‚das Unbewußte' vor, wohl wissend, daß ich ebensogut von ‚Gott' und ‚Dämon' reden könnte, wenn ich mich mythisch ausdrücken wollte." Und Weizsäcker weiter: „Wenn man den Leib-Seele-Dualismus aufgibt und den Holismus ernst nimmt, darf man der gesamten Wirklichkeit eine Möglichkeitsform des Bewußtseins zusprechen."[7]

Wissenschaft ist in diesem Kapitel bisher als Naturwissenschaft aufgetreten. Wissenschaft und Religion müssen aber selbstverständlich auch die Geisteswissenschaften berücksichtigen. Hierzu wird im „Bewußtseinswandel" ausgeführt[8]:

„Diese Skepsis (der Geistes- und Sozialwissenschaften, speziell gegen den Alleinwahrheitsanspruch einer Religion) dringt nicht nur tiefer als die des naturwissenschaftlichen Weltbildes, sie ist auch sehr viel fruchtbarer. Die interpretierende Geisteswissenschaft, die Analyse sozialer Situationen schließt uns den Reich-

---

6 Ebd., S. 138.
7 Ebd., S. 216.
8 Bewußtseinswandel, S. 255 ff., mit Kürzungen zitiert.

tum und die Tiefe religiöser Texte und Traditionen erst auf. Wenn ich es noch einmal in meiner persönlichen Erfahrung sagen darf: Der Reichtum des Alten Testamentes erschloß sich mir, als ich im Studentenalter die Bibel durchlas und später die alttestamentliche Wissenschaft kennenlernte, und dabei die Texte in ihre jeweilige historische, ferne, aber einfühlbar mitmenschliche Situation einzubetten lernte. Etwas mühsamer, weil mehr gehemmt durch das Bedürfnis christlicher Theologen, hier denn doch die absolute Wahrheit zu finden, gelang mir dies dann auch im Neuen Testament."

Die Spannung zwischen Wissenschaft und Religion bezieht sich aber nicht nur auf die Erkenntnistheorie. Auch die ethische Seite dieses Wechselspiels ist sehr bedeutsam. Das obige Zitat geht weiter: „Wie nehmen wir dies Geschenk auf? Hier wird es theologisch entscheidend, daß die großen Wahrheiten der Religion keine theoretischen Urteile im Sinne der Logik sind. Der Mythos entspricht einem pragmatischen Wahrheitsbegriff: er orientiert uns so, daß wir zu handeln vermögen."

Im Jahre 1982 schrieb Weizsäcker eine „Notiz zum 70. Geburtstag" nieder, der wir Weiteres zu den ethischen Aspekten des Verhältnisses von Physik und Religion entnehmen können [9]:

„Jetzt bin ich im Ruhestand, d.h., ich darf arbeiten. Ich folge mit siebzig dem Wunsch meines Herzens und bin zur Physik zurückgekehrt ...

Man darf, ja man muß mich fragen: Wenn du die Zukunft düster siehst, wie kannst du verantworten, zur Physik zurückzukehren?

Ich antworte zunächst mit einer Anekdote, die ich schon bei anderen Anlässen erzählt habe. Karl Barth gehört nicht zu meinen Heiligen, aber er war ein großer, durchdringender Mann. Ich habe mit ihm in meinem Leben ein einziges Gespräch gehabt, aber eines von vielen Stunden. Es war vor etwa dreißig Jahren, wohl 1951. Ich wagte ihm die Frage zu stellen, die mich am meisten beunruhigte. Ich sagte etwa: ‚Wir Physiker sind verantwortlich

---

[9] Wahrnehmung der Neuzeit, S. 355 ff., mit Kürzungen zitiert.

für die Atombombe. Es ist absurd, die Verantwortung auf die Politiker, Militärs oder Techniker abwälzen zu wollen. Unsere kausale Wissenschaft erzeugt ständig solche Ergebnisse. Von Galilei führt ein schnurgerader Weg zur Atombombe. Ich frage mich, ob ich nicht verpflichtet bin, mit dem aufzuhören, was ich am liebsten tue: mit der reinen physikalischen Forschung.' Er antwortete: ,Herr v. Weizsäcker, wenn Sie glauben, was alle Christen bekennen und was fast keiner glaubt, daß nämlich Christus wiederkommt, dann dürfen Sie, ja dann sollen Sie weiter Physik treiben. Glauben Sie das nicht, so müssen Sie mit der Physik aufhören.'

Ich war nie in der Versuchung, Barths Antwort zu widersprechen, und ich habe nicht mit der Physik aufgehört.

Ich lege seine Antwort nach meinem heutigen Verständnis so aus: Die Zukunft ist unbekannt, aber in ihrer Erwartung leben wir. Von den entscheidenden Ereignissen der Zukunft kann man nicht ohne Bilder, ohne mythische Gleichnisse sprechen ... Die Christen haben diese Erwartung in der Gestalt der Lehre der Wiederkunft Christi übernommen. Sie bedeutet nicht den sogenannten Weltuntergang, sondern das Gericht über uns und die Herstellung der Schöpfung, so wie sie eigentlich gemeint war. Dieses mythische Bild hat für mich, ich bekenne es, eine größere Überzeugungskraft als alle rationalen Prognosen. Ich kann rational sagen, warum. Die Naturwissenschaft ist die größte Bewußtseinsveränderung der Menschheit seit dem Kommen der Hochreligionen und der Kultur des ersten vorchristlichen Jahrtausends; ich nenne sie gern den harten Kern der Neuzeit. Sie gibt uns eine nie dagewesene intellektuelle, folglich technische, folglich politische Macht. Es ist undenkbar, daß die Menschheit sich durch diese Macht nicht selbst zerstört, wenn sie nicht eine ebenso radikale moralische Wandlung durchmacht ...

Nun trägt es nichts zur moralischen Wandlung bei, wenn man mit der intellektuellen Wandlung aufhört, ehe sie vollzogen ist, deshalb treibe ich Physik, suche die verstandene Einheit der Natur. Es trägt aber nichts zum Überleben bei, wenn man die Wissenschaft fortführt und die moralische Verantwortung für ihre Folgen anderen Leuten überläßt; deshalb habe ich die politische Analyse zum Beruf meiner letzten zehn Jahre gemacht. Durch die politische Analyse rettet man die Welt nicht; man hat vielleicht versucht, anderen Mut zur Anstrengung zu machen, in dem man getan hat, was man eben meinte, tun zu können."

4.2 Das Verhältnis der Religionen zueinander

Beginnend mit seinem jüdischen Schulfreund Friedensohn, mit dem er auch heute noch in Kontakt ist, bis hin zu wichtigen persönlichen Erfahrungen mit dem Hinduismus in Indien und bei Kontakten zu Buddhisten und zum Zen, – stets war es Weizsäcker deutlich, daß religiöse Wahrheiten von der Art sind, daß aus der Wahrheit der einen *nicht* die Falschheit der anderen folgt.

So formuliert er einmal[10]: „Glaubenssätze einer Religion sind nicht schon deshalb wahr, weil sie die Religion der Väter ist. Ich habe dies schon als Schüler begriffen: Ich bin als Lutheraner aufgewachsen; rechtfertigt mich das, meine katholischen und jüdischen Mitschüler, die Hindus und Buddhisten Asiens, die Atheisten in Marxismus und Naturwissenschaften des Irrtums zu zeihen? Diese fast selbstverständliche Kritik bedroht freilich die traditionelle Kulturträgerschaft der Religion, die – wie die Regeln der überlieferten Sitte – wesentlich unerklärt gelten. Und sie relativiert den speziellen theologischen Wahrheitsbegriff der westlichen Tradition (einschließlich des Islam), der auf theoretischen Ja-Nein-Entscheidungen beruht. Wozu haben wir eigentlich Ja und Nein zu sagen? Zum Alleinwahrheitsanspruch einer Religion, um alle anderen der Unwahrheit zeihen zu können?"

Bei der religiösen Wahrheit geht es nicht um logische Fragen. Religion nutzt eine mythische Sprache, und der Wahrheitsbegriff des Mythos ist pragmatisch, d. h. auf das Handeln hin orientiert[11]: „Aus den Reden Jesu spricht dieses Verständnis von Wahrheit: ‚An ihren Früchten sollt ihr sie erkennen' (Matth. 8, 16), und noch in der Theologie des Johannes-Evangeliums: ‚Wenn ihr bleiben werdet an meiner Rede ... so werdet ihr die Wahrheit erken-

---

[10] Bewußtseinswandel, S. 254 ff., mit Kürzungen zitiert.
[11] Ebd., S. 255 ff., mit Kürzungen zitiert.

nen und die Wahrheit wird euch frei machen' (Joh. 8,31–32). ‚An meiner Rede bleiben' heißt hier ‚tun, was ich euch gesagt habe'. Erkenntnis durch Tun: das ist im ethischen Bereich das Wahrnehmen von Gestalt durch Hervorbringen von Gestalt. Wir sollen die Religionen an ihren Früchten erkennen. Und wir haben diese Früchte nicht nach den Normen zu beurteilen, die wir unerklärt aus unserer eigenen religiösen oder aufklärerischen Tradition übernehmen. Auch hier ist Verstehen gefordert. Wie sollten wir sonst zusammenleben?"

In seiner Autobiographie berichtet Weizsäcker, daß er sich als junger Mensch der lutherischen Kirche, die er trotz alledem nie verlassen hatte, innerlich entfremdete. In dieser Zeit lernte er als junger Student zuerst in einer Vorlesung über die östlichen Religionen und dann durch eigene Studien die chinesischen Klassiker und die Reden Buddhas kennen, deren Wahrheit ihn ebenso unmittelbar ansprach wie die der Bergpredigt.

Für die Normalisierung seines Verhältnisses zur Kirche war für ihn die Hilfe amerikanischer Christen nach dem Kriege von entscheidender Bedeutung. Aber auch dann, als die Bindung wieder stärker wurde – er nahm an den von Günther Howe organisierten Physiker-Theologen-Gesprächen und später an kirchlichen Kommissionen über Ethik und Politik der Atomwaffen teil –, blieb seine Offenheit für die Wahrheiten der anderen Religionen erhalten.

In der Selbstdarstellung von 1975 fährt er an anderer Stelle fort[12]: „Vor nunmehr zwanzig Jahren sagte mir ein Besucher in Göttingen, um der hochnotwendigen Verbindung zwischen östlicher Weisheit und westlicher Wissenschaft willen solle ich Kontakt aufnehmen mit bestimmten indischen Weisen. Ich antwortete spontan, dies sei in mir nicht reif, und kein Willensakt sei hier von Nutzen. Ich sei überzeugt, daß die Inder Wahrheit lehren, und wenn ihre Lehre wahr sei, so sei auch wahr, daß das tiefere Selbst die Bewegung macht, wenn sie an der Zeit ist. Sie würden mir zur rechten Zeit begegnen. In dieser Haltung blieb ich

---

[12] Der Garten des Menschlichen, S. 593, mit Kürzungen zitiert.

lange. Der in China zum buddhistischen Mönch geweihte Deutsche Martin Steinke-Ta Chün brachte mir leibhaft die sprühende Weisheit des Zen und wurde mir ein älterer Freund. Der Königin Friederike von Griechenland verdanke ich die Begegnung mit Prof. Mahadevan aus Madras, der mir die Advaita-Lehre des Vedanta erklärte … Am Beginn des Todesjahres 1968 besuchte mich in Hamburg Pandit Gopi Krishna aus Kaschmir. Im Blitz einer Sekunde sah ich: hier kann ich hören …

Im Jahre 1969 übernahm ich ein Amt im Deutschen Entwicklungsdienst und benutzte die Gelegenheit zu einer mehrwöchigen Inspektionsreise nach Indien … Hier sah ich Gopi Krishna wieder, war vierundzwanzig Stunden im Ashram der vielverehrten Heiligen Anandamayi Ma in Vrindaban und einen Tag zwischen zwei Nächten im Aurobindo Ashram in Pondicherry. Mahadevan brachte mich … nach Kanchipuram zum Oberhaupt der zweitgrößten Hindu-Gemeinschaft, der Shaivas."

Dort hatte Weizsäcker ein für sein ganzes weiteres Leben entscheidendes Erlebnis, über das im nächsten Kapitel noch zu berichten sein wird.

Nach diesen Beschreibungen aus dem Leben soll der Leser mit Überlegungen bekannt gemacht werden, was Religion – in einem allgemeinen Sinne verstanden – aus Weizsäckers Sicht bedeutet [13]:

„Was ist nun Religion, wie unser modernes Bewußtsein sie noch wahrnehmen kann?

Vier Aspekte drängen sich auf:
1. Religion als Träger einer Kultur
2. Religion als Grund einer radikalen Ethik
3. Religion als innere Erfahrung
4. Religion als Theologie.

Religion als Träger einer Kultur formt das soziale Leben, gliedert die Zeiten, bestimmt oder rechtfertigt die Moral, interpretiert die Ängste, gestaltet die Freuden, tröstet die Hilflosen, deutet die Welt. Die überlieferte Form der Religion ist es, die dem modernen Bewußtsein entgleitet.

---

[13] Bewußtseinswandel, S. 182 ff., mit Kürzungen zitiert.

Religion als Grund einer radikalen Ethik steht kritisch und darum oft verfolgt in ihrer Kultur.

Religion als innere Erfahrung ist in gewisser Weise jedes subjektive Erleben der beiden vorgenannten Momente. Sie ist das bewußte Leben im Glauben, sie ist aber insbesondere das Gebet, die Meditation, die Mystik.

Religion als Theologie ist der Versuch, die Erfahrung der drei anderen Momente gedanklich zu verstehen ...

Der erste Ausdruck, Religion als Träger einer Kultur, ist ein Ausdruck der Retrospektive. Als die Religion unsere Kultur trug, wurde sie nicht funktional als Kultur verstanden, sondern direkt als Wahrheit, als die Gegenwart des Göttlichen: einst der Götter, später Gottes, der Engel, der Heiligen. Die angemessene Sprache war das, was wir heute Mythos nennen. Auch der Mythos fällt unter die sehr allgemeine Definition von Kunst: auch er ist Wahrnehmung von Gestalt durch Schaffung von Gestalt. Indem er eine große Geschichte erzählt, läßt er uns eine Wirklichkeit sehen, die in der Alltagssprache nicht mitgeteilt werden könnte.

Die drei anderen Aspekte sind in der Rolle der Religion als Träger einer Kultur enthalten, differenzieren sich aber für unseren Blick klarer heraus in dem großen religiösen Bewußtseinswandel, der seinen Höhepunkt vor der Mitte des ersten vorchristlichen Jahrtausends hatte. Sie versuchen in dreifach verschiedener Weise das Wesentliche der Religion zu bezeichnen."

Weizsäcker schließt seinen Artikel „Was ist Religion?" folgendermaßen ab [14]: „Mir liegt daran, hier weder mit theoretischen Behauptungen noch mit moralischen Forderungen zu beginnen. Beide drängen sich uns heute, angesichts der Weltprobleme, fast von selbst auf und lassen uns dann doch, wenn wir uns nicht in eine selbstgerechte Pose retten, meist mit Ratlosigkeit zurück. Wenn Religion jemals Erfahrung war, so kann und wird sie auch heute Erfahrung sein, sofern wir bereit sind, uns zu öffnen. Neu aber ist, daß in der heutigen Gegenwart jedenfalls Intellektuelle, die ein Buch wie dieses lesen, nicht mehr naiv in der speziellen

---

[14] Ebd., S. 184 f.

Kultur leben, deren Träger die spezielle Religion ihrer Vorfahren war. Die Begegnung der Weltkulturen ist durch die moderne Technik erzwungen. Die Begegnung der großen Religionen, früher ein seltenes oder ein oft verzweifelt kämpferisches Ereignis, tritt unausweichlich ein. Auch dies ist ein Teil des heutigen Bewußtseinswandels.

Wohin dieser Vorgang führen wird, ist dem Verfasser dieses Buches nicht geoffenbart. Ich möchte dem Leser des Buches daher keine Lösung aufdrängen, sondern ihm nur eine Sichtweise zeigen, zu der ich im Laufe einiger Jahrzehnte gekommen bin, eben auf die unvollendete Religion. Er wird selbst dasjenige ausmachen, woran weiterzuarbeiten er sich fähig fühlt."

Was meint Weizsäcker mit seinem Terminus „unvollendete Religion?" Er schreibt dazu [15]:

„Die historische Rolle der Religion war es, die unbewußten Voraussetzungen unseres Bewußtseins ernst zu nehmen. Dabei sah sie sich in immer wiederkehrenden Gestalten gedrängt, einen *radikalen* Bewußtseinswandel zu fordern; und sie erfuhr einen solchen Bewußtseinswandel als Geschenk. Wie sollte, wie kann der radikale Bewußtseinswandel heute und morgen aussehen? ... Vernünftig vollzogen, wird er dem evolutiven Bewußtseinswandel der vielen Kraft geben. Was ist sein Inhalt?

Die Religion ist unvollendet unter allen vier Aspekten, die wir an ihr unterschieden haben.

Beginnen wir mit der Ethik. Wenn die Christen ehrlich waren, durften sie in keiner Phase ihrer Geschichte mit der christlichen Welt zufrieden sein. Christentum war eine essentiell unvollendete Religion. Nur die Hoffnung auf die Wiederkunft Christi konnte allenfalls mit der jeweiligen Gegenwart versöhnen. Die Verwandlung der realen Geschichte, welche den Christen in dieser von Jahrhundert zu Jahrhundert wiederholten Spannung gelang, wurde freilich spätestens seit dem 18. Jahrhundert von der Aufklärung überholt. Die Aufklärung hat die Stafette der Weltveränderung übernommen. Sie konnte die Stafette übernehmen,

---

[15] Ebd., S. 244 ff., mit Kürzungen zitiert.

weil sie die Diesseitigkeit der christlichen Forderung ernst nahm. Kants Schrift ‚Zum ewigen Frieden‘ kann als eine Säkularisierung der christlichen Enderwartung verstanden werden. Die heutige Menschheitssituation zeigt, daß die Forderung, die Institution des Krieges zu überwinden, diesseitig notwendig ist."

Diese Gedanken, so Weizsäcker, kommen in Konflikt mit bestimmten Traditionen des Christentums, die Jesu Worte so deuteten, daß mit ihnen ein *künftiges* Friedensreich gemeint sei. Die gegensätzliche Meinung, daß das tausendjährige Reich, von dem die Offenbarung spricht, hier und jetzt verwirklicht werden solle, wurde von der kirchlichen Obrigkeit als ketzerisch verworfen. „Ich kann aber nicht sehen, daß man damit Jesus richtig interpretiert hat. Er zeigte denen, die ihm folgten, den Weg, für das kommende Friedensreich mit den Waffen des Friedens zu kämpfen."

Die Quäker geben ein Beispiel dafür, „daß es auch im späten Christentum möglich war, den Worten Jesu direkt zu folgen und dabei präzise begrenzte Ziele, zum Beispiel den Frieden mit den Indianern in Pennsylvania, zu erreichen. In unserem Jahrhundert ist Mahatma Gandhi wohl das größte Beispiel. Den Zeitgenossen, die den Worten Jesu nicht folgen können, ist es befriedigend, darauf hinzuweisen, daß auch die Befreiung Indiens ein begrenztes Ziel war und daß zu den Erfolgsbedingungen die englische legale Staatsverfassung gehörte – dazu wohl auch, daß es für Großbritannien ökonomisch nicht mehr lohnend war, die politische Herrschaft in Indien aufrechtzuerhalten. Dies ist aber nur ein Einwand gegen die Verwechslung der Worte Jesu mit einem unfehlbaren Machtmittel. Und die Überwindung der Institution des Krieges beginnt sich in unseren Tagen eben auch als ein präzises, begrenztes Ziel darzustellen.

Die Nennung Gandhis weist auf ein anderes Problem der unvollendeten Religion hin: die Vielfalt der Religionen. Ich habe diese Vielzahl (im ‚Bewußtseinswandel‘) mit Absicht geschildert. Es wäre illusionär zu meinen, die Religionen ließen sich heute ‚synkretistisch‘ in eine einzige ‚Weltreligion‘ zusammenfassen. Sie haben Anteil an der Vielzahl der Kulturen. Die Vielgestalt ist ein Reichtum der Menschheit. Die Frage ist heute nur, ob die Religionen angesichts ihrer traditionellen Gegensätze überhaupt imstande sein können, zu den gemeinsamen Problemen der Menschheit Lösungen beizutragen.

Ich versuche die Antwort: In der Ethik und in der inneren Erfahrung sind die großen Religionen grundsätzlich vereinbar; die Vereinbarkeit nähert sich der Identität auf den höchsten Stufen, nämlich in den reinsten Formen der Ethik und in der mystischen Erfahrung. Die Unterschiede sind vor allem kulturell bedingt; sie reichen von der Sozialordnung und den kultischen Riten bis zum Bildmaterial ekstatischer Visionen. Die unüberbrückbaren Gegensätze treten in der Selbstdeutung auf, in den Theologien, die jeweils unfehlbare Wahrheit für sich in Anspruch nehmen.

Gandhi ist ein Beispiel für das, was in unserem Jahrhundert schon möglich gewesen ist. Sein letztes Motiv ist ohne die indische Vorstellung vom Heil der Seele nicht denkbar. Sein begrenztes Ziel, die Freiheit und Einheit Indiens, entstammt dem Repertoire westlicher politischer Ideale. Seine weltverwandelnde aktive Nächstenliebe hat er selbst mit dem in Zusammenhang gebracht, was er in England von christlichen Gemeinschaften gelernt hat. Von den Bewohnern seines Ashrams verlangte er neben strikter Gewaltlosigkeit und wenigen gemeinsamen religiösen Zeremonien nur, daß jeder die Vorschriften seiner eigenen Religion strikt befolge.

Wer die Beziehungen zwischen den Religionen beleben will, kann Gewinn davon haben, wenn er ihre Unterschiede als Funktion ihrer kulturellen Situation bedenkt. Konfuzius, Zarathustra, jüdische vorexilische Propheten, Platon, Aristoteles, neuzeitliche Calvinisten – alle denken unmittelbar politikbezogen. Alle nämlich haben den direkten Zugang zu den politischen Entscheidungszentren; ihre eigene Lebenssituation ist politisch. Hinduistische Weisheit, spätantike Gnosis und vielfach auch Philosophie, nachkonstantinisches Christentum denken vielmehr jenseits- oder innerlichkeitsbezogen. Sie alle leben in Gesellschaftsordnungen, die politisch zu ändern jenseits ihrer Reichweite liegt. Die heutige weltweite Kommunikation verändert diese sozialen Hintergründe. Ich war unlängst Zeuge eines Gespräches zwischen einem indischen und einem amerikanischen Politikwissenschaftler. Der Amerikaner sprach von der Notwendigkeit tiefer Bewußtseinsbildung, der Inder von der Fürsorge für die Armen. Der Inder sagte dem Amerikaner: ‚Sie reden wie ein Hindu!' Darauf sagte ich dem Inder: ‚Sie reden wie ein Christ!' Beide nahmen das Lob an.

Wenn Religionen einander begegnen wollen, sollten sie nicht ihre Theologien vergleichen, sondern versuchen, gemeinsam Gutes zu tun. Sie werden staunen, was sie dabei über sich selbst lernen.

Ich wage nicht mehr vorherzusagen.“

4.3 Der Horizont eines neuen Bewußtseins

Bei Carl Friedrich v. Weizsäcker hat sich gleichermaßen aus seinen religiösen Erfahrungen und aus seinen wissenschaftlichen Forschungen heraus eine Schau auf das Ganze der Wirklichkeit entwickelt, die das dualistische Weltbild zu überwinden gestattet, welches bis heute noch das Paradigma des Abendlandes bildet. Bei ihm kommt es zu einer Gesamtschau, die die Möglichkeit eröffnet, das Diesseitige und das Transzendente zusammen zu denken.

Der Holismus der Quantentheorie, der für die „Materie“ dazu geführt hat, daß deren Aufteilung in getrennte Objekte in Strenge nur als Näherung verstanden werden kann, darf auch auf das Bewußtsein erstreckt werden. Dies wird dahin führen, daß das voneinander abgetrennte und in vielen Individuen auftretende jeweilige Einzelbewußtsein nur als Annäherung an das in Wahrheit *ganze und eine Bewußtsein* zu verstehen ist. Darüber werden wir später noch genauer nachdenken.

Das neue Bewußtsein hat in Weizsäckers Sicht verschiedene Facetten. Da ist zum einen die Ergänzung – oder besser – die Fundierung des rationalen Denkens durch die ganzheitliche Wahrnehmung in der Meditation. Des weiteren umfaßt sie ein neues Verständnis der ethischen Fragen. Aber auch die Forderung nach der Vollendung der Religion und auch der Aufklärung gehört dazu.

Zur Naturwissenschaft hat der Leser in den vorangegangenen Kapiteln einiges lesen können. Für den jetzigen Zusammenhang ist eine Passage aus dem „Bewußtseinswandel"[16] eine gute Zusammenfassung: „Wir kehren noch einmal zur Naturwissenschaft zurück. Einen großen, philosophisch noch nicht zureichend verarbeiteten Schritt hat die Physik unseres Jahrhunderts getan. Ich gebe meinen persönlichen Eindruck von diesem meinem eigentlichen Arbeitsgebiet. Im Rahmen der Quantentheorie wird der cartesische Dualismus von Geist und Materie überflüssig. Die Quantentheorie wäre mit einem ‚spiritualistischen Monismus' vereinbar, der eine einzige Wirklichkeit anerkennt und diese, der klassischen europäischen Philosophie folgend, ‚Geist' nennt. Hegel drückt diesen Gedanken abstrakt in dem Satz aus: ‚Substanz ist wesentlich Subjekt', Schelling in dem Satz: ‚Die Natur ist der Geist, der sich nicht als Geist kennt.' Die Quantentheorie würde auch einer buddhistischen Interpretation keinerlei Widerstand entgegensetzen. Nach der Quantentheorie ist die Zerlegung der Welt in getrennte Objekte nur eine Näherung. Diese Näherung ist die Voraussetzung des begrifflichen Denkens, aber strenggenommen ist sie falsch. Die Wirklichkeit ist nicht eine vorgefertigte Maschine.

Es wäre voreilig, diese Denkmöglichkeit alsbald mit den Bildern überlieferter Theologie gleichzusetzen. Ein längerer Weg liegt vor uns. Aber ein offener Weg."

Es sei ausdrücklich bemerkt, daß hier von offenen Möglichkeiten gesprochen wird und keine dogmatischen Thesen behauptet werden. Hier sind neue Denkwege angesprochen, die zu gehen keiner gezwungen werden kann. Aber umgekehrt ist ebenso bedeutsam, daß sich die früher durch die Naturwissenschaft ausgesprochenen *Denkverbote* als nicht mehr berechtigt erweisen.

Meditation ist eine der neuen Weisen, zu sehen, sie ist nur durch lange Übung zu vervollkommnen. Die tägliche meditative Praxis gehört fest zu Weizsäckers Tageseinteilung, sie mag mit ein wichtiger Grund für seine bis ins hohe Alter so ungetrübte Schaffenskraft und Vitalität sein. In seiner Selbstdarstellung schreibt er dazu[17]:

---

[16] Bewußtseinswandel, S. 256.
[17] Im Garten des Menschlichen, S. 589f.

„1938 war ich einmal Gast in einer Freizeit der evangelischen Michaelsbruderschaft in Marburg. Ich sah, daß ich dieser Gemeinschaft nicht angehören konnte, aber ich verdanke der Woche das Miterleben in einem liturgisch geordneten Tageslauf. Liturgie und Regelmäßigkeit teilen den tiefen, vom willentlichen Verstand nicht erreichten Schichten etwas mit, was jedenfalls für mich ist wie lebensnotwendige Nahrung. Auf permanente liturgische Gemeinschaft habe ich bisher verzichtet, da ich sie nie mit der mir notwendigen Modernität des Bewußtseins verbunden gefunden habe, aber ich übernahm die Gewohnheit einer allmorgendlichen Meditation. Eine Meditationsschule habe ich nicht durchgemacht, weil mir nie ein Lehrer begegnet ist, der meinem Intellekt – und vielleicht meinem Unabhängigkeitsdrang – genug getan hätte. Das ist regelwidrig, gefährlich und niemandem zur Nachahmung vorgeschlagen. Ich habe nicht versucht, meditativ ins Extrem zu gehen, sondern habe kommen lassen, was sich meldete. Ohne diese stete Rückkehr zur Stille aber könnte ich nicht leben. Die Meinung mancher Menschen, Meditation sei Selbstbespiegelung und stehe im Gegensatz zum Einsatz für den Mitmenschen, ist ein kaum begreiflicher Irrtum. Freilich gibt es, sehr selten, auch eine kontemplative Lebensweise, die dem Mitmenschen ohne Handeln, selbst ohne sichtbaren Kontakt, mehr Gutes tut als durch Aktivitäten; die Entstellung dieser seltenen Gabe und die vielen Gefahren der Öffnung unbewußter Quellen mögen jenen Irrtum hervorgebracht haben."

In unserem Kulturkreis ist es erst in den letzten Jahren „chic" geworden, sich mit Meditation zu befassen. Die Öffentlichkeit hat die christlichen Meditationstraditionen nur wenig wahrgenommen, auch die Kirchenhierarchien fördern sie nicht sichtbar.

Andererseits, wie Weizsäcker feststellt[18], gibt es kein Zurück hinter den bei uns erreichten hohen Stand in der Ausbildung von Verstand und Willen. Beides sind unerläßliche Bestandteile der Menschlichkeit. „Eben darum wirkt die Ver-Inderung so vieler westlicher Meditationsnovizen als eine für Abendländer und In-

---

[18] Wahrnehmung der Neuzeit, S. 316 ff.

der gleichermaßen peinlich anzuschauende psychische Regression." Die Meditation stammt aus einer Kultur, welche früher ist als die europäische Aufklärung. Daher kann sie weder an die Stelle des aufgeklärten Denkens treten, noch kann sie nahtlos mit diesem verbunden werden. „Die Versöhnung mit der aufgeklärten Vernunft verlangt einen kulturellen Schritt, der nicht geringer ist, als es die Aufklärung selbst war. Ein solcher Schritt geschieht zuerst im Einzelnen, er ist voller Schmerzen, und seine Vollendung dauert Jahrhunderte."

Wie mag sich nun die überlieferte vernünftige Selbstinterpretation der Meditation zur westlichen Aufklärung verhalten? Dazu schreibt Weizsäcker weiter [19]: „Für das, was außerhalb der Sphäre von Verstand und Willen fällt, hat das heutige westliche Denken keine allgemein anerkannten Begriffe; es fällt nur allzuleicht unter den völlig ungeklärten Namen des Irrationalen. Ich habe versucht, mir als persönliche Denkhilfe in diesem Bereich ein vierstufiges ‚Gerüst' zu entwerfen, gleichsam ein zum Wiederabriß bestimmtes Baugerüst." Im Kapitel 4.4 wird genauer darauf eingegangen, hier soll es nur kurz skizziert werden.

Die erste Stufe ist die Einheit von Wahrnehmen und Bewegen. Sie beschreibt nicht nur das ursprüngliche Verhalten der Tiere, sondern wirkt auch überall dort, wo wir Menschen uns spontan verhalten, sie ist der Grund der höheren Stufen. Die nächste Stufe entspricht der Trennung des Wahrnehmens vom Handeln, sie ermöglicht Aktion statt bloßer Reaktion, die Zweckrationalität. Auf der dritten Stufe sind die großen, kulturell-historisch angeordneten Bewußtseinssphären angeordnet; Weizsäcker führt hier auf: Theorie, Sitte, Ästhetik. Die vierte Stufe ist die Stufe der Einheit, die Begründung der Werte im Lichte des *einen* Bewußtseins. Diese hatte in den historischen Kulturen die Religion ausgefüllt. Von den vier Aspekten der Religion, über die in Kapitel 4.2 gesprochen wurde, ist die innere Erfahrung der Bereich, der zum Verständnis von Meditation hilfreich ist. „Innere Erfahrung mag ein anderer Ausdruck für affektive Gestaltwahrnehmung sein.

---

[19] Ebd., S. 320f., mit Kürzungen zitiert.

Beide Bezeichnungen entstammen einer noch undeutlichen Wahrnehmung in der Schattenzone westlichen Denkens. Meditation ist eine wohl schon im vorarischen Indien entstandene Schule dieser Wahrnehmung. Als Schule des Bewußtseins arbeitet auch sie mit dem Mittel der Trennung. Aber sie trennt ganz anders als die an der Zweckrationalität orientierte Abgrenzung des Urteils vom Handeln und beider von Affekt und Wahrnehmung; sie trennt anders, um anders zu einen. Meditation verweigert für die Dauer der Versenkung das Handeln, die Sinneswahrnehmung, das urteilende Denken. Gegenständliche Meditation, sei es eines Sinnesgegenstandes, etwa einer Blume, sei es in einer religiösen Szene oder Glaubenswahrheit, entfaltet dadurch in Reinheit eine Wahrnehmung, die mit dem unzureichenden Ausdruck noch einmal als affektive Gestaltwahrnehmung bezeichnet sei. Die höhere ungegenständliche Meditation läßt noch Gestalt und Affekt zurück.

Die theoretischen Schriften über Meditation bieten Antworten auf diese Fragen an. Den Antworten ist stets die Herkunft aus einer kulturellen Tradition anzumerken. Sie sind meist vom Weg, nicht vom Ziel her gesprochen ... Die Antwort auf die Frage, was im Schweigen erfahren wird, ist das Schweigen. Diese Verweigerung ist nicht ein Abweisen der Kommunikation mit dem Fragenden, sondern seine Hineinnahme in den Weg gemeinsamer Erfahrungen.

Wozu Meditation? Für eine kleine Minderheit hat sie seit Jahrtausenden den Eingang in eine kontemplative Existenz bedeutet, aus der es keine Rückkehr in die ‚Welt' gab. Es ist ein fundamentaler Irrtum, zu meinen, der Kontemplative tue kein Werk für die Mitmenschen ...

Aber Buddhas Entschluß, statt des Verharrens im Nirvana Jahrzehnte des Predigens zu wählen, Platons Forderung, in die Höhle zu den Mitgefangenen zurückzukehren, Jesu Rückkehr aus der Wüste nach vierzig Tagen – alle diese stilisierten Erzählungen weisen einen anderen Weg. Es ist der direkte Dienst am Mitmenschen, an der vielheitlichen Realität, an der Geschichte. Die Menschen, die in der Dürre verschmachten, können lebendiges Wasser bekommen. Der Weg der Meditation ist dazu nicht der einzige, er ist kein Instrument zur Lösung unserer Probleme; das würde ihn noch einmal zu früh der Zweckrationalität einordnen. Er ist gefährlich, nicht ohne Führung zu gehen. Er fordert eine Lossage von den gängigen Werten, ‚von den Göttern dieser Welt'. Für denjenigen, der nicht zu der kleinen Minderheit der Kontemplativen gehört, fordert dann auch er die Rückkehr in die Welt. Der Zurückkommende wird ein Anderer geworden sein: der, der er immer war."[20]

Weizsäcker schließt diesen Aufsatz mit dem Hinweis, daß er nur eine vorläufige und pragmatische Antwort enthält. Es geht in ihm um Fragen, die sich bei der Begegnung der Kulturen stellen. Wer den Weg der Meditation sucht, wird ihnen begegnen und an ihrer Ungelöstheit leiden. „Vielleicht hilft es ihm, sich diesen Leiden zu stellen, wenn er weiß, daß das Leiden ein Beitrag zur notwendigen Bearbeitung der Lebensfragen ist."

Im Kapitel 4.2 war von der Reise Weizsäckers im Jahre 1969 nach Indien die Rede. Auf dieser Reise hatte er in Tiruvannamalai ein lebensentscheidendes Erlebnis[21]: „Der Leser möge entschuldigen, daß ich das, was nicht zu schildern ist, nicht eigentlich schildere, und dennoch davon spreche; denn andernfalls hätte ich diesen Lebensbericht nicht beginnen dürfen. Als ich die Schuhe ausgezogen hatte und im Ashram vor das Grab des Maharshi trat, wußte ich im Blitz: ‚Ja, das ist es.' Eigentlich waren schon alle Fragen beantwortet. Wir erhielten im freundlichen Kreis auf grünen großen Blättern ein wohlschmeckendes Mittagessen. Danach saß ich neben dem Grab auf dem Steinboden. Das Wissen war da, und in einer halben Stunde war alles geschehen. Ich nahm die Umwelt noch wahr, den harten Sitz, die surrenden Moskitos, das Licht auf den Steinen. Aber im Flug waren die Schichten, die Zwiebelschalen durchstoßen, die durch Worte nur anzudeuten sind: ‚Du' – ‚Ich' – ‚Ja'. Tränen der Seligkeit. Seligkeit ohne Tränen.

Ganz behutsam ließ die Erfahrung mich zur Erde zurück. Ich wußte nun, welche Liebe der Sinn der irdischen Liebe ist. Ich wußte alle Gefahren, alle Schrecken, aber in dieser Erfahrung wa-

[20] Ebd., S. 323 f.
[21] Im Garten des Menschlichen, S. 595 f.

ren sie keine Schrecken. Ich sah mich wie eine Metallkugel, die auf eine blanke Metallfläche fällt und, nach der Berührung eines Augenblickes, zurückspringt, woher sie kam. Ich war jetzt ein völlig anderer geworden: der, der ich immer gewesen war. Ein junger deutscher Angehöriger des Ashram führte mich in einen Raum, in dem drei ältere Inder waren. Wir begrüßten uns mit einem Blick und saßen schweigend eine Stunde beisammen. Mein deutscher Freund kochte mir in seiner Stube eine Tasse Kaffee. Mahadevan kam, wir gingen durch den großen Tempelbezirk der Stadt. Ich schlief im sehr einfachen Gästehaus des Ashram und mein Freund begleitete mich am Morgen bei einem Gang zu einer Höhle im Berg unter den großen Bäumen, wo der Maharshi Jahre gewohnt und manchmal die Kriege der Affenkönige oben im Laub geschlichtet hatte. Dann reisten wir weiter. Mit unendlicher Sanftheit verließ mich langsam die Erfahrung in den kommenden Tagen und Wochen. Ihre Substanz ist immer bei mir. Ohne sie hätte ich die Erstickungserlebnisse jener Jahre vielleicht nicht bestanden."

Neues Bewußtsein meint bei Weizsäcker nicht, zumindest für ihn selbst, das Verbleiben im Zustand der Entrückung. Das Bild der zurückspringenden Metallkugel bedeutete für ihn, nicht den Weg des Bettelmönches zu gehen, sondern zurückzugehen nach Europa und die Dinge zu tun, die er zu tun hatte. Dazu gehörte das Verstehen der Physik und das Handeln in Öffentlichkeit und Politik nach den von ihm als wahr erkannten Grundsätzen. Bereits in den Nachkriegsjahren begann das neue Verständnis ethischer Fragen für ihn deutlich zu werden, er beschreibt es so[22]: „Nun konnte ich auch die Bergpredigt ein Stück weit auslegen, d. h. mit meinem modernen Bewußtsein verbinden. Es gibt wenigstens drei Wirklichkeitsschichten in ihr. Die äußerste ist die universalistische Ethik der goldenen Regel. Diese ist wohl nie präziser durchdacht worden als in der praktischen Philosophie Kants. Sie gebietet nicht dieses oder jenes Gebot, sondern die Form der Allgemeinheit der Gebote. Verhalte dich zu deinen Mitmenschen so,

---

[22] Ebd., S. 590 f.

wie vernünftige Wesen sich zu ihresgleichen verhalten können. Die Bergpredigt wird überall verstanden, denn sie appelliert an das, was den Menschen zum Menschen macht. Die zweite Schicht ist die Enthüllung der Gesinnung als Ort ethischer Entscheidungen. Nicht daß ich meinen Bruder nicht faktisch ermorde, ist die Erfüllung des Gebotes, sondern daß ich ihn liebe. Dieses ‚Ich aber sage euch' enthüllt unsere Wirklichkeit und ihren Gegensatz selbst zu den von uns bewußt akzeptierten Geboten. Aus dieser unerträglichen Spannung sind wir Menschen immer wieder ausgewichen. Die typische Gefahr der Kirche ist der Eifer der guten Werke, auch des guten Werkes, daß man den rechten Glauben habe; den Fluchtcharakter dieses Eifers hat Luther erkannt. Die Werke decken auch das Ausweichen aus der Wörtlichkeit, aus der Strenge der universalen Gebote. Die naturwissenschaftliche Betrachtung des Menschen schließlich neigt dazu, seiner kausal begreiflichen psychischen Wirklichkeit gegen das Gebot recht zu geben. Aber das Gebot ist Bedingung der Existenz menschlicher Gesellschaft; es ist die Wahrheit, deren Leib der Friede ist. Die Geschichte ist eine Kette verschuldeten Leidens, weil das Gebot nicht befolgt wird. Und die Erfahrung, die in der Kirchensprache Buße heißt, könnte uns ebenso wie die Erfahrung der Psychoanalyse belehren, daß Heilung gerade dann nicht möglich ist, wenn wir unsere psychischen Zwänge als unser Wesen gelten lassen, sondern wenn wir uns von ihnen als Zwängen unterscheiden und damit die Schuld als unsere eigene anerkennen. Daß Heilung möglich ist – damit kommen wir in die dritte und eigentliche Schicht, die darum mit Grund in der Redaktion als Prolog vorangestellt ist: den Indikativ der Seligpreisungen. Ohne den Imperativ des Verhaltens ist keine Gesellschaft möglich, ohne den Imperativ der Gesinnung keine Reifung der Person. Aber die Welt der Imperative ist gnadenlos, sie treibt den Sensiblen zur Verzweiflung. Der Imperativ ist nur erlaubt, weil es die Wirklichkeit gibt: Selig sind die Friedensmacher, denn sie werden Gottes Söhne heißen, selig sind die nach dem Geist Verlangenden, denn ihrer ist das Reich der Himmel.

Dies lernte ich sagen und ein Stück weit denken.''

4.4 Vom neuen Bewußtsein zum erneuerten Handeln

Weizsäcker hat sich, zumindest als Forderung an sich selbst, dafür ausgesprochen, daß das neue Bewußtsein sich auch ausdrücken solle in einer neuen Weise des Handelns. Solches öffentliches Handeln geschieht im Rahmen und unter der Voraussetzung einer gemeinsam angewandten politischen Vernunft, des öffentlichen Bewußtseins. Dieses öffentliche Bewußtsein bestimmt als das kulturelle Umfeld auch die Entwicklung des Einzelbewußtseins der Individuen.

Die Voraussetzungen gesellschaftlichen Handelns: Öffentliches Bewußtsein

Wie ist nun das menschliche Verhalten in der Kultur zu beschreiben?
Weizsäcker benutzt hierzu sein – bereits oben zitiertes – Denkmodell des Baugerüstes, welches schon durch seinen Begriff ausdrückt, daß damit noch nicht eine fertige theoretische Konstruktion gemeint ist, sondern die notwendige Vorarbeit für den fertigen Bau geleistet werden soll. Er führt dazu aus[23]: „Das ‚Baugerüst‘ besteht aus vier ‚Stockwerken‘. Ich numeriere sie von oben nach unten. Denn man kann in einen zu errichtenden Bau nur von unten einsteigen …

»Baugerüst«
4. Das Bild der Einheit: Mythos, Religion, Philosophie.
3. Kulturelle Pointierungen: Moral, Theorie, Kunst.
2. Zweckrationalität: Handlung und Urteil.
1. Die Einheit des Verhaltens: Wahrnehmung, Urteil, Affekt, Handlung.

Nun die Erläuterungen. Wir beginnen von unten.
1. *Die Einheit des Verhaltens.* Das Tier lebt weitgehend in der Einheit von Wahrnehmen und Bewegen, von Reiz und Reaktion.

---

[23] Bewußtseinswandel, S. 167 ff.

Wir Menschen legen uns diese Einheit in vier Glieder auseinander: Die Katze sieht das laufende Etwas (Wahrnehmung), eine Maus! (Urteil), eine Beute! (Affekt), sie ergreift die Beute (Handlung). Die Maus sieht das lauernde Wesen (Wahrnehmung), eine Katze! (Urteil), Gefahr! (Affekt), sie läuft davon (Handlung). Die Einheit der Glieder: Schon die Wahrnehmung urteilt (laufend, lauernd), schon das Urteil ist affektiv (Maus ist Beute, Katze ist lebensgefährlich), der Affekt schlägt unmittelbar in Handlung um. Wir Menschen verhalten uns ebenso, wo immer wir spontan sind, wo wir die Einheit nicht ... durch eine Askese vom Handeln unterbrechen.

2. *Zweckrationalität.* Schon das Tier kann innehalten. Die Katze lauert, sie schleicht heran. Die Maus schaut vorsichtig aus dem Loch. Beim Menschen ist das größte Mittel dieser Trennung von Wahrnehmen und Handeln die Sprache ... Die Trennung des Urteils von der Handlung macht es erst möglich, daß die Handlung nicht bloße Reaktion bleibt, sondern gewollte, freie Aktion wird ... Die Distanz zwischen Urteilen und Handeln ermöglicht es dem Menschen, Zwecke bewußt zu verfolgen: dieses auf Urteil gestützte Handeln ist zweckrational.

Wir werden sehen, daß im Baugerüst stets die oberen Stockwerke zwar auf den unteren aufruhen, daß aber unsere Art, die unteren Stockwerke zu beschreiben, erst aus den Gehalten der oberen Stockwerke möglich und verständlich wird. Nur wer Urteil und Handlung zweckrational zu trennen versteht, wird im Verhalten der Katze und der Maus die vermutlichen Urteile (Eine Maus!, eine Katze!) von der Handlung des Ergreifens oder Davonlaufens trennen. Schaut er näher hin, so unterscheidet er im menschlichen Verhalten noch die Wahrnehmung als Grund des Urteils vom Urteil selbst und den Affekt als Grund der Handlung von der Handlung selbst.

Was aber sind die Zwecke? Was erstrebt die Handlung? Befriedigung der Affekte? Oder sind nicht vielmehr die Affekte unsere Wahrnehmung des Zuträglichen? Und was ist uns zuträglich, nicht nur dem Individuum, sondern der Gesellschaft, ohne die das Individuum nicht leben könnte? Was sind die Werte? Auf der Stufe der Zweckrationalität eine unbeantwortbare Frage. In dem

Augenblick, in dem die Werte nicht mehr selbstverständlich sind, fordert die Zweckrationalität eine höhere, ihr übergeordnete Stufe der Einsicht.

3. *Kulturelle Pointierungen.* Die Frage nach den Werten, die unser Handeln bestimmen oder doch bestimmen sollten, ist eine nachträgliche Frage." Weizsäcker erklärt dann, daß der Untergrund des menschlichen Handelns die elementaren Wünsche sind. Das zweckrationale Handeln findet die Wege, die zur Erfüllung der Wünsche führen. In der Erziehung lernen wir, auf elementare Wünsche zu verzichten und andere zu haben, die nicht elementar sind. Diese beruhen in der Regel auf gesellschaftlichen Normen, die, als *Moral,* unerklärt Geltung beanspruchen. Die Frage nach den *Werten* drückt bereits aus, daß diese nicht mehr als selbstverständlich erlebt werden.

Mit dem Terminus *Kulturelle Pointierungen* wird ausgedrückt, daß die Antworten auf die Frage nach den Werten von der jeweiligen Kultur abhängig ist. Weizsäcker übernimmt einen Begriff aus der Evolutionstheorie, wenn er auch in ihrem Zusammenhang vom Luxurieren, von einer übermäßigen Ausbildung, eben von Pointierungen, spricht. Als die drei wichtigsten können in unserer Kultur Theorie, Praxis und Kunst angesehen werden, welche auf drei von den Griechen überlieferte Werte hinweisen: das Wahre, das Gute, das Schöne. Diese Einteilung schließt an an Aristoteles und könnte mit Anschauen, Handeln und Machen übersetzt werden. Weizsäcker erklärt den Unterschied zwischen Handeln und Machen im aristotelischen Sinne: Handeln – Praxis – hat seinen Sinn in sich selbst; dagegen Machen – Poiesis – hat ihn außerhalb seiner selbst, im Gemachten, im Werk. Für die Griechen gehört zur Poiesis das Handwerk und die Kunst.

Die drei Pointierungen Theorie, Praxis und Kunst haben einen normativen Charakter und suchen ihren Gegensatz auszuschließen: das Wahre das Falsche, das Gute das Schlechte, das Schöne das Häßliche.

„Für das Abendland ist seit dem Sieg des Christentums ein anderes Gegensatzpaar wichtig geworden, das ‚Geschenk der Juden an die Menschheit‘, der Gegensatz von ‚Gut‘ und ‚Böse‘. Ein schlechter Schuh, Fußballer, Forscher ist deshalb nicht böse. Das Böse ist eine Qualität des Willens: böse sein heißt das Gute nicht wollen. Hier wird die Ethik personalisiert. Das Gute ist dem Volke von seinem Gott geboten, damit das Volk leben kann. Böse sein heißt dann, Gott zu widerstreben. Das Böse macht aber dann letztlich das Leben unmöglich."

Das christliche Abendland hat im Laufe der Geschichte versucht, die ethischen Normen aus ihrer Unerklärtheit zu befreien und diese rational zu erklären. Dies kann dem Einfluß des „Geschenkes der Griechen an die Menschheit, der Theorie, der Unterscheidung von Wahr und Falsch" zugeschrieben werden.

In der politisch-sozialen Moral wurde durch diese Entwicklung das überkommene Ethos des Herrschens und Dienens abgelöst durch ein Ethos der Freiheit und Gleichheit. „Damit verliert aber das mythische Bild von Gott als unserem Herrn die sinnfällige Illustration in den weltlichen Herrschern, denen wir gehorchen, und die unerklärte Moral wird als Einschränkung der Freiheit empfunden. Die unerläßliche politisch-soziale Moral muß nun durch Erkenntnis ihrer Notwendigkeit für die Gesellschaft erklärt werden ... Die neuzeitlich reifste Form des Gedankens ist wohl Kants kategorischer Imperativ, ein Gesetz, das sich die Vernunft selbst gibt: Handle so, daß die Maxime deines Willens jederzeit zugleich als Prinzip einer allgemeinen Gesetzgebung dienen könnte. Konsequent schreitet Kants Denken bis zur Altersschrift *Vom ewigen Frieden* fort. Der Friede ist nun eine notwendige Forderung der praktischen Vernunft.

Gleichwohl geraten wir mit dieser Entwicklung in ... dünne Luft ... Was ist die Wahrheit normativer Sätze? Sie sagen – so die nachkantische Ausdrucksweise – nicht aus, was *ist*, sondern was sein *soll*. Was aber ist die Wahrheit des Sollens? Woher kennen wir sie? Der kategorische Imperativ ist ein tiefdringender philosophischer Satz und ein Kriterium unseres ethischen Wahrnehmungsvermögens. Positive Normen haben sich aus ihm nicht politisch wirksam herleiten lassen.

Hier liegt eine Schwäche nicht nur der theorieförmigen Ethik, sondern der Theorie selbst, wie sie heute verstanden wird."

Im weiteren Verlauf des Artikels setzt Weizsäcker sich mit der

Leistung und den Grenzen des begrifflichen Denkens auseinander, als welches die Theorie verstanden werden kann. „Wer begrifflich denkt, lernt Instrumente schaffen, die vorweg auf wiederkehrende Situationen anwendbar sind … Begriffliches Denken und instrumentales Handeln stehen einander nahe. Und instrumentales Handeln verwandelt die Welt.

Aber der Begriff, der uns mit fernen, allgemeinen Strukturen vertraut macht, entfernt uns eben dadurch aus der Vertrautheit des Ganzen unserer realen Situation …

Wahrnehmung und Affekt werden durch begriffliches Denken und moralische Normen ins Abseits gedrängt. Sie bilden eine unanalysierte Restkategorie. Eine Zuflucht finden sie in der modernen Welt bei der *Kunst*. Man kann Kunst definieren als beseligende oder schmerzlich seismographische Wahrnehmung von Gestalt durch Schaffung von Gestalt."

„Die Entwicklung der Kunst als gesellschaftliche Institution spiegelt die Entwicklung der Kultur … In dem Maße, in dem die technische Zivilisation nur noch die Herrschaft ihrer Zweckrationalität darstellt, wird die Kunst die Zuflucht von Wahrnehmung und Affekt. Im Beruf verwandelt man technisch die Welt, privat betreibt man Hausmusik … Seit dem 19. Jahrhundert wird die Kunst zunehmend zum Sprecher der Kultur- und Gesellschaftskritik … Aber auch die gesellschaftskritischste Kunst ist Teil der der Gesellschaft. Sie muß nach Brot gehen: auch sie wird ein Erwerbszweig. Beseligung und schmerzliche Seismographie, Wahrnehmung des nahen Erdbebens erfüllen echte Bedürfnisse. Und sie werden, so wie die legitime Nachfrage nach ihnen besteht, von den Formen der Nachfrage geprägt."

Weizsäcker zeigt dann auf, daß die Definition von Kunst als „Wahrnehmung von Gestalt durch Schaffung von Gestalt" auch auf die anderen kulturellen Pointierungen – Theorie und Moral – anwendbar ist. Beide werden dabei von der Spontaneität zur Stilisierung gebracht. Dabei ergibt sich die Gefahr, daß diese Stilisierung nicht mehr Hinweis, sondern Selbstzweck wird.

„Theorie, die sich selbst für zweckfrei hält, gerät eben darum in den Dienst von Mächten, die sehr wohl wissen, was sie wollen. Sie tritt in diesen Dienst ebensowohl als Bereitstellung technischer

Mittel wie als Ideologie. Sie wird unwahr, wenn sie diesen Sachverhalt verbirgt.

Moral nötigt die Menschen, sich vor sich selber zu rechtfertigen. Wo ihnen das normgetreu zu gelingen scheint, macht die Selbstgerechtigkeit die Moral abgrundtief böse.

Kunst stellt das Wesentliche dar. Das nötigt sie, seismographisch auch die Lüge, den Gegenpol des Wesens darzustellen. Kunst aber als Selbstzweck kann Zuflucht vor dem Leben werden; sie wird abgehoben, wesenlos.

4. *Das Bild der Einheit.* Was ich soeben geschildert habe, ist ein Bild ... der Krise unserer Kultur. Ich habe den Kern der Krise nicht dort gesucht, wo konservative ... Werturteile ihn suchen: im Gleichgültigwerden der überlieferten Normen der Wahrheit, Sittlichkeit, Schönheit. Die Normen verlieren ihre Kraft eben dort, wo ihre faktische Unwahrheit der wachen Wahrnehmung nicht verborgen bleiben kann. Wir waren vom subjektiven Bewußtsein zur Kultur übergegangen, deren Leistung es ist, der Subjektivität des einzelnen Menschen den objektiven, gesellschaftlichen Boden realen Verhaltens zu bieten. Eben darum enthüllt sich uns die Krise des Bewußtseins als eine Krise der kulturellen Normen ...

An sich ist die Unwahrhaftigkeit gesellschaftlich-kultureller Normen eine uralte, immer wiederkehrende Erfahrung. Als Leiden war und ist diese Erfahrung jedem wachen Menschen zugänglich. Es sind aber in der Geschichte immer wieder Bilder aufgetaucht, in denen sich bewußte Wahrnehmung des Ganzen ausdrückte, der immer gefährdeten und immer wieder anzustrebenden Einheit der Kultur. Drei Gestalten habe ich in der Skizze des Baugerüstes genannt: Mythos, Religion, Philosophie."

Wer öffentlich handeln will, muß zum einen die Grundlagen dafür im öffentlichen Bewußtsein kennen und dann versuchen, dieses Bewußtsein in der für das Überleben der Menschen notwendigen Weise zu verändern. Neben dieser theoretischen Einsicht ist aber auch ein Kraftquell nötig, der dem einzelnen, so er sich dieser Aufgabe stellt, den dafür nötigen Rückhalt gibt. Dies kann nur, nach dem zuvor Gesagten, aus der „obersten Stufe des Baugerüstes" kommen.

In Weizsäckers Leben war dafür das Erlebnis der Bergpredigt entscheidend. Oben haben wir dazu aus der Selbstbeschreibung zitiert. Hier soll aus einem anderen Aufsatz[24] noch eine Auslegung folgen. Weizsäcker unterscheidet drei Schichten in ihr, die erste war der kategorischen Imperativ: „Was du nicht willst, was man dir tu, das füg auch keinem andern zu." Die zweite betraf die Gesinnung: Nicht genug, daß man nicht tötet, sondern daß man das Töten nicht wollen soll.

Die dritte betrifft die Seligpreisungen. „Da wird nicht gesagt: du sollst, da wird auch nicht gesagt: du kannst, denn du sollst, was nur als beleidigend empfunden werden kann, sondern da wird gesagt: Selig bist du, wenn du den Frieden machst, dann wirst du ein Sohn Gottes heißen. Selig bist du, wenn du verlangst, wenn du bettelst nach dem Geist. Dies dein Verlangen wird erfüllt werden. Eigentlich muß es sogar nicht im Futurum gesagt werden, sondern im Präsens. Denn in dem Augenblick, in dem es uns erfüllt wird, entdecken wir, daß es immer erfüllt war und wir es nur nicht gesehen haben.

Die Erfahrung, die in diesem Indikativ ausgesprochen wird, ist der eigentliche Kern. Sie ist das, was macht, daß – wenn ich geläufige und doch mißverständliche Begriffe gebrauchen darf –, wovon hier die Rede ist, nicht Moral ist, sondern Religion. Es gibt ja einen tiefen Gegensatz zwischen reiner Moral und Religion. Die Moral, die den Trost dieses Indikativs der Seligkeit nicht hat, muß fordern bis zum Unmenschlichen, oder sie belügt sich selbst. Nur der, der das Geschenk bekommen hat, den anderen und sich lieben zu können, kann eigentlich die moralische Forderung an eine Stelle setzen, wo sie lebendig macht und nicht tötet. Der rein Moralische kann ja sich nicht lieben, er haßt ja sich, gerade weil er an sich gebunden bleibt, und deshalb muß er von den Anderen das Unerfüllbare verlangen, denn er kann nun auch sie nicht lieben. Das scheint mir in der Bergpredigt gewußt[25]."

Nach dieser Darstellung der geistigen Fundamente, die Weizsäckers Handeln zugrunde liegen, soll dieses selbst nun dargelegt werden.

---

[24] Im Garten des Menschlichen, S. 444 f.
[25] Ebd., S. 452.

5 Das verantwortliche Handeln

Seine Herkunft aus einem Elternhaus, das aktiv am politischen Leben des Staates teilnahm, erleichterte es Weizsäcker, ein frühzeitiges Interesse an Politik zu entwickeln. Dieses Interesse blieb ein Leben lang lebendig.

Als junger Forscher wurde er mit der Möglichkeit des Baues von Atombomben konfrontiert. Im Interview, aus dem bereits in Kap 1.2 zitiert worden ist[1], erzählt er darüber, wie es ihm nach seiner Entscheidung für die reine kernphysikalische Forschung ergangen war:

„Sieben Jahre später ruft mich Otto Hahn an, bei dem ich gearbeitet hatte. Ich wohnte fünf Minuten von ihm in Dahlem. Er fragte mich: Herr von Weizsäcker, können Sie sich ein Radium vorstellen, das bei jeder chemischen Trennung nicht mit Radium, sondern mit Barium geht? Da hat man ein bißchen darüber geredet, und er hatte die Uranspaltung entdeckt. Komischerweise habe ich also auch dies, ehe es publiziert war, schon kennengelernt (hiermit bezieht er sich auf Heisenbergs Mitteilung über die Unbestimmtheitsrelation). Und bald nachher entdeckte Frederic Joliot in Paris, daß die Uranspaltung, die durch Neutronen gemacht wird, selbst Neutronen freisetzt. Und jeder Physiker, der etwas von der Sache verstand, mußte dann wissen, daß eine Kettenreaktion möglich ist, also vermutlich ein Reaktor und vermutlich eine Bombe. Ich erzähle die Geschichte so ausführlich, weil ich zeigen will, wie die Physiker in diese Sache hineingekommen sind, ohne zu wissen wie. Natürlich hat es Physiker gegeben, die technischen Erfolg haben wollten. Ich zufällig nicht. Ich war nicht so beschaffen. Aber viele wollten es.

Doch diese Entdeckungen waren ein unvorhersehbares Ereignis, das für sämtliche Physiker der Welt – soweit sie überhaupt so etwas hatten wie ein Gewissen – das Leben unumkehrbar verändert hat, bis heute. Mir ging es damals so: Ich hatte aus Kindheitstagen einen Jugendfreund, Georg Picht, einen Philosophen und gelernten Philologen. Zu ihm bin ich damals gezogen, er lebte auch in Berlin, und habe ihm gesagt: Hör mal, man kann wahr-

---

[1] Bewußtseinswandel, S. 326 f.

scheinlich eines Tages eine Bombe machen, mit der man eine ganze Stadt, mit einer einzigen Bombe, zerstören kann. Was soll passieren? Wir haben lange darüber geredet – eine Nacht lang –, und unsere Folgerung war, daß vermutlich die Menschheit gezwungen sein wird, die politische Institution des Krieges abzuschaffen, wenn die Menschheit überleben will. Und das finde ich heute noch. Das heißt, die Atombombe war eigentlich das Weckersignal, das uns aufgeweckt hat, um zu erkennen, daß die Kultur, die wir entwickelt haben, selbstzerstörerisch wird, wenn sie nicht bestimmte uralte atavistische Formen des Umganges der Menschen miteinander, die in der Politik noch herrschend sind, überwindet. Das war das eigentliche Problem."

Die Erkenntnisse und später die tatsächlichen Folgen der Wissenschaft, die auch er als Kernphysiker betrieben hat, nötigten ihn, sich den daraus erwachsenden moralischen Folgen zu stellen.

5.1 Zur Verantwortung der Wissenschaftler: Von der Kernspaltung zur Göttinger Erklärung

In Kapitel 1.2 war bereits kurz über die Entwicklung der Kernphysik in Deutschland während des Krieges berichtet worden. Die deutschen Physiker wurden durch die beschränkten Mittel während des Krieges vor dem Problem bewahrt, ob sie für Hitler eine Bombe bauen würden. Weizsäcker sprach später einmal in einem Interview [2] davon, daß er als junger Mensch die verrückte Idee gehabt habe, er könne vielleicht über die Entwicklung der Atombombe Macht- oder zumindest Einflußmöglichkeiten auf die Politik des Dritten Reiches gewinnen. „Ein gnädiges Schicksal" bewahrte ihn davor. Die deutschen Forscher sahen relativ bald, daß unter den Bedingungen, die während des Krieges herrschten, eine einsatzfähige Bombe von ihnen nicht entwickelt werden konnte. Immerhin gelang es, das Reaktorprogramm weiterführen zu können. Damit konnten auch junge Mitarbeiter über die Wirren des

---

[2] Der Spiegel, Nr. 17 (1991), S. 227 f.

Krieges gebracht werden. Als dem „Uranverein" klar wurde, daß sie keine Bombe entwickeln würden, schlug Weizsäcker vor, daß Heisenberg versuchen sollte, mit Bohr über dieses Problem zu sprechen. Die Hoffnung war, daß vielleicht weltweit eine Übereinkunft der Physiker erreicht werden könne, in keinem Land diese neue Waffe zu entwickeln. Um während des Krieges die Erlaubnis für eine Reise ins Ausland zu erhalten, mußten Heisenberg und Weizsäcker diese mit anderen, vorgeschobenen Zielen tarnen. So fuhren sie dann zum Zwecke der „Kulturpropaganda" nach Kopenhagen. Beim dortigen deutschen Gesandten, der zum Glück kein Nazi war, waren sie dann auch zu Gast. Sie versuchten von ihm zu erfahren, was möglicherweise zum Schutze von Niels Bohr getan werden konnte. Allerdings lag die Macht im besetzten Dänemark nicht bei den deutschen Diplomaten, sondern bei anderen Dienststellen des Dritten Reiches. Trotzdem wurde vorgeschlagen, daß Bohr mit dem Gesandten nach Möglichkeit Kontakt aufnehmen sollte.

Heisenberg ging dann allein mit Bohr auf einen großen Spaziergang, auf welchem alle Probleme besprochen werden sollten. Dieses Gespräch wurde aber leider ein totaler Mißerfolg. Bohr hatte sich vor der deutschen Besatzungsmacht total zurückgezogen und war auch nicht bereit, daran etwas zu ändern. Heisenberg seinerseits wußte, daß ein Bericht an die Gestapo über seine Absichten für ihn KZ-Haft bedeuten mußte. So hat er offenbar sehr vorsichtig begonnen, diese darzustellen. Bohr mißverstand ihn gründlich und das Ganze endete in einem Fiasko. Weizsäcker meinte dazu einmal, daß es vom heutigen Standpunkt aus besser gewesen wäre, wenn Heisenberg ohne Vorsicht mit Bohr gesprochen hätte. Wenn er das Gespräch damit eröffnet hätte, daß ein Bekanntwerden seiner Absichten ihm möglicherweise das Leben kosten könnte, wäre das Ganze vielleicht anders ausgegangen. Tatsächlich hatte aber Bohr etwas vollkommen anderes verstanden, als ihm seine deutschen Freunde vermitteln wollten, und er berichtete dann nach seiner Flucht nach Amerika, daß die Deutschen ihn zur Mitarbeit an der Bombe hätten überreden wollen.

In Deutschland konzentrierten sich die Kernphysiker auf die Konstruktion eines Reaktors, der mit Uran und schwerem Wasser

arbeiten sollte. Trotz der Bombardierungen und des Zusammen-
bruchs der Wirtschaft gelang es ihnen, kurz vor Kriegsende ein
solches Gerät aufzubauen. Allerdings war es wegen des Mangels
an Uran und an schwerem Wasser ein wenig zu klein geraten, so
daß eine volle Kettenreaktion nicht in Gang kam.

Wie berichtet, wurden die Mitglieder des „Uranvereins" dann
in England interniert, der Grund dafür wurde ihnen nach der Ex-
plosion der Bombe von Hiroshima klar.

Jetzt war die Atombombe, über die Weizsäcker schon soviel
nachgedacht hatte, eine schreckliche Realität geworden. Nun
mußte auch gehandelt werden.

In Göttingen gingen nach dem Ende der Internierung die Forschungen weiter. Die Beschränkungen, welche die Siegermächte
für die Kernforschung in Deutschland ausgesprochen hatten,
wurden nach und nach abgebaut, und die deutsche Politik – d. h.
vor allem Adenauer und Strauß – begann, sich für Kernwaffen zu
interessieren. Die deutschen Physiker aber empfanden aufgrund
ihrer Sachkenntnis nationale Kernwaffen als ein Sicherheitsrisiko
für die Bundesrepublik.

Im Oktober 1956 wurde Strauß Verteidigungsminister, und es
war klar, daß er gern Kernwaffen haben wollte. Die gemeinsame
Überzeugung der Physiker im Beraterkreis für Kernphysik war,
die Einführung von Atomwaffen würde bedeuten, unser Land ein
mögliches Ziel für einen atomaren Präventivschlag werden zu lassen. Es war klar, was dies in der dichtbesiedelten Bundesrepublik
für Folgen hätte. So schrieb man einen Brief an den Minister, der
seinerseits nach einiger Zeit die Mitglieder des Arbeitskreises zu
einem Gespräch einlud. Darüber berichtet Weizsäcker in einem
Interview[3]: „Werner Heisenberg, der Vorsitzende des Kreises,
konnte nicht kommen, weil er krank war. Dieses Gespräch ist
sehr schlecht verlaufen. Es war eine Katastrophe, weil uns Strauß
zunächst einfach beschimpfte und uns einzuschüchtern versuchte."

An einer anderen Stelle schreibt Weizsäcker[4]: „In der ersten

---

[3] Bewußtseinswandel, S. 388 f.
[4] Der Garten des Menschlichen, S. 573.

Viertelstunde zerschlug er alles Porzellan, das wir für ihn bereitgehalten hatten."

Im Interview fährt er fort: „Nach einer Viertelstunde ergriff ich das Wort – ich war zum Sprecher des Kreises ernannt – und sagte: Herr Minister, ich schlage vor, daß wir alles bis jetzt Gesagte als ungesagt betrachten und über die Sache reden. Daraufhin schaltete Strauß um und hat uns zweieinhalb Stunden mit viel Sachkenntnis seine Meinung dargelegt. Er wolle ja gar keine nationalen Atomwaffen, sondern europäische. Nationale Atomwaffen seien ja ganz unsinnig. Er sagte, die Amerikaner würden sich aus Europa zurückziehen, das stehe außer Zweifel. Dann aber müsse Europa Atomwaffen haben, um sich gegen die Russen zu schützen.

Nach dem Gespräch standen wir da wie die begossenen Hühner und mußten uns sagen: Gefallen hat uns die Sache nicht, aber was wir in unserem Brief geschrieben haben, können wir nun nicht mehr veröffentlichen."

Danach behauptete dann aber Adenauer wenig später öffentlich, daß die taktischen Kernwaffen lediglich eine Verbesserung der Artillerie seien und nur eine Weiterentwicklung des Bisherigen. Weizsäcker fuhr daraufhin sofort zur gleichzeitig stattfindenden Tagung der Kernphysiker nach Bad Nauheim, um mit seinen Kollegen darüber zu sprechen. Dort wurde dann die „Göttinger Erklärung" formuliert. Sie lautet[5]:

„Die Pläne einer atomaren Bewaffnung der Bundeswehr erfüllen die unterzeichneten Atomforscher mit tiefer Sorge. Einige von ihnen haben den zuständigen Bundesministern ihre Bedenken schon vor mehreren Monaten mitgeteilt. Heute ist die Debatte über diese Frage allgemein geworden. Die Unterzeichneten fühlen sich daher verpflichtet, öffentlich auf einige Tatsachen hinzuweisen, die alle Fachleute wissen, die aber der Öffentlichkeit noch nicht hinreichend bekannt zu sein scheinen.

1. Taktische Atomwaffen haben die zerstörende Wirkung normaler Atombomben. Als taktisch bezeichnet man sie, um auszu-

---

[5] Bewußtseinswandel, S. 384 f.

drücken, daß sie nicht nur gegen menschliche Siedlungen, sondern auch gegen Truppen im Erdkampf eingesetzt werden sollen. Jede einzelne taktische Atombombe oder -granate hat eine ähnliche Wirkung wie die erste Atombombe, die Hiroshima zerstört hat. Da die taktischen Atomwaffen heute in großer Zahl vorhanden sind, würde ihre zerstörende Wirkung im ganzen sehr viel größer sein. Als klein bezeichnet man diese Bomben nur im Vergleich zur Wirkung der inzwischen entwickelten strategischen Bomben, vor allem der Wasserstoffbomben.

2. Für die Entwicklungsmöglichkeit der lebensausrottenden Wirkung der strategischen Atomwaffen ist keine natürliche Grenze bekannt. Heute kann eine taktische Atombombe eine kleinere Stadt zerstören, eine Wasserstoffbombe aber einen Landstrich von der Größe des Ruhrgebiets zeitweilig unbewohnbar machen. Durch Verbreitung von Radioaktivität könnte man mit Wasserstoffbomben die Bevölkerung der Bundesrepublik wahrscheinlich heute schon ausrotten. Wir kennen keine technische Möglichkeit, große Bevölkerungsmengen vor dieser Gefahr sicher zu schützen.

Wir wissen, wie schwer es ist, aus diesen Tatsachen die politischen Konsequenzen zu ziehen. Uns als Nichtpolitikern wird man die Berechtigung dazu abstreiten wollen; unsere Tätigkeit, die der reinen Wissenschaft und ihrer Anwendung gilt und bei der wir viele junge Menschen unserem Gebiet zuführen, belädt uns aber mit einer Verantwortung für die möglichen Folgen dieser Tätigkeit. Deshalb können wir nicht zu allen politischen Fragen schweigen. Wir bekennen uns zur Freiheit, wie sie heute die westliche Welt gegen den Kommunismus vertritt. Wir leugnen nicht, daß die gegenseitige Angst vor den Wasserstoffbomben heute einen wesentlichen Beitrag zur Erhaltung des Friedens in der ganzen Welt und der Freiheit in einem Teil der Welt leistet. Wir halten aber diese Art, den Frieden und die Freiheit zu sichern, auf Dauer für unzuverlässig, und wir halten die Gefahr im Falle eines Versagens für tödlich.

Wir fühlen keine Kompetenz, konkrete Vorschläge für die Politik der Großmächte zu machen. Für ein kleines Land wie die Bundesrepublik glauben wir, daß es sich heute noch am besten schützt und den Weltfrieden noch am ehesten fördert, wenn es ausdrücklich und freiwillig auf den Besitz von Atomwaffen jeder Art verzichtet. Jedenfalls wäre keiner der Unterzeichneten bereit, sich an der Herstellung, der Erprobung oder dem Einsatz von Atomwaffen in irgendeiner Weise zu beteiligen.

Gleichzeitig betonen wir, daß es äußert wichtig ist, die friedliche Verwendung der Atomenergie mit allen Mitteln zu fördern, und wir wollen an dieser Aufgabe wie bisher mitwirken."

Dieser Aufruf wurde von achtzehn Atomwissenschaftlern unterzeichnet, unter ihnen war Weizsäcker, der den Entwurf des Manifestes gefertigt hatte.

Er erklärte in dem Interview später dazu[6]: „Es war erstens meine Meinung, daß wir uns an Leute wenden müßten, denen wir sagen könnten, was wir fänden und was sie tun sollten. Das aber waren unsere eigenen Landsleute, unsere Regierung und deren Wähler.

Der zweite Grund: Wir wußten bereits, daß die Franzosen eigene Atomwaffen entwickelten. Dann, so glaubten wir, haben sie bald auch die Chinesen und zuletzt die exotischsten Länder mit den abenteuerlichsten Regierungen. Wie man garantieren soll, daß diese Atomwaffen nicht verwendet werden, ist nicht zu erkennen. Also: Die Proliferation, die Weitergabe atomarer Waffen, ist das große Problem. Wenn wir als deutsche Physiker erklären, wir seien gegen Proliferation, dann sind wir nur glaubwürdig, wenn wir zuerst klargemacht haben, daß wir auch dagegen sind, wenn unser eigenes Land Atommacht würde."

Weiter betonte er auf die Frage nach der Wirkung der Erklärung[7]:

„Der Verzicht auf nationale Atomwaffen an sich war ja schon vorher ausgesprochen. Aber ich würde sagen, unsere Erklärung hat die Bundesregierung gezwungen, sich dazu ganz präzise zu bekennen. Insofern war nachher die Versuchung vorbei, nationale Atomwaffen zu erhalten.

Zweitens ist festzustellen: Die öffentliche Wirkung, die Auf-

---

[6] Ebd., S. 390 f.
[7] Ebd., S. 395 f.

merksamkeit, die das Problem fand, waren sehr groß. Wir haben so eine Mauer des Schweigens durchbrochen und haben schon damit sicher etwas erreicht. Das geschah auch nicht nur in Deutschland, sondern auch anderswo."

„Der Grund der großen öffentlichen Wirkung der Erklärung lag in einem einzigen Satz, in dem die Unterzeichner sich persönlich zur radikalen Abstinenz von der Mitwirkung an Bau, Erprobung und Einsatz von Kernwaffen verpflichten. Persönliches Engagement, ob es rational begründbar ist oder nicht, hat eine Wirkung auf die Menschen, zu der realistisch wohldurchdachte Vorschläge nicht fähig sind."[8]

Die Forscher erhielten zum Teil eine überaus scharfe Kritik. Man hielt ihnen vor, sich unter Ausnutzung ihres öffentlichen Ansehens über Dinge zu äußern, für die sie keinen politischen Sachverstand hätten. Weizsäcker entgegnete dem mit einem einfachen Bild[9]:

„Wenn Eltern ihrem dreijährigen Kind vormachen, wie man ein Streichholz anzündet, spazierengehen und, wenn sie zurückkommen, feststellen, daß das Haus brennt, dann kann man doch nicht behaupten, die Eltern seien unschuldig. Die Wissenschaftler nun haben der Menschheit das Streichholz in die Hand gegeben – nicht weil sie Streichhölzer wollten, sondern weil sie forschen wollten. Also finde ich, daß der Wissenschaftler als Staatsbürger – oder, wenn sie so wollen, auch als Weltbürger – moralisch verpflichtet ist, der erste zu sein, der sich um die politischen Konsequenzen seiner Entdeckungen kümmert. Die Form, in der er es tut, muß er sich gut überlegen. Macht er es in einer Form, die politisch wirkungslos bleibt, dann hat er es schlecht gemacht."

Weizsäcker hatte es übernommen, seinem Land in einer Lebensfrage zu raten. Er schreibt dazu später im Jahre 1975[10]: „Nun mußte ich nicht nur über die mir vertraute Außenpolitik, sondern über Waffenwirkung und Strategie Kenntnisse erwerben, die mich zur Diskussion mit Fachleuten befähigten. Die physikali-

[8] Der bedrohte Friede, S. 453.
[9] Bewußtseinswandel, S. 397 f.
[10] Der Garten des Menschlichen, S. 574.

schen Kollegen in Amerika waren seit mehr als zehn Jahren in derselben Lage. Ich habe die Lehren der amerikanischen arms-control-Schule wohl als erster in Deutschland bekanntgemacht; H. Afheldt, der seit 1962 mit mir arbeitete, hat Wesentliches zu ihrer immanenten Kritik beigetragen. Die Gespräche in Amerika belebten die alte Freundschaft mit Edward Teller, die neue mit Leo Szillard. Die Ergebnisse ... sind in bezug auf die Friedenserhaltung auf lange Sicht nicht beruhigend. Sie führten mich eben darum in immer komplexere politische und gesellschaftliche Fragen und schließlich zur Gründung meines heutigen Institutes."

5.2 Die Erforschung der Lebensbedingungen der wissenschaftlich-technischen Welt

Im Jahre 1968 wurde mit dem Einmarsch der Truppen des Ostblocks in die ČSSR eine äußerst kritische Situation in Europa erzeugt. Die Gefahr eines ins Atomare abgleitenden Krieges zwischen Ost und West schien durchaus real werden zu können. Die offensichtliche Schwäche des Ostens auf sämtlichen nichtmilitärischen Gebieten begann sich abzuzeichnen, gerade deshalb bestand die steigende Gefahr, daß diese Schwäche überspielt werden sollte durch den Versuch, nach außen gerichtete Militäraktionen zu unternehmen.

Im Westen Deutschlands wurde durch die sogenannte Studentenrevolte des gleichen Jahres der „Heilschlaf" abrupt beendet, der geherrscht hatte in Form einer gesamtgesellschaftlichen Verdrängung der gewesenen Realität des Nazireiches. Die Öffentlichkeit wurde fähig, sich den realen Problemen der Zeit in größerem Umfang als bisher zu stellen. Neben anderen Faktoren war auch diese gesellschaftliche Situation sicherlich mitentscheidend dafür, daß ein 1967 bei der Max-Planck-Gesellschaft gestellter Antrag auf die Gründung eines Institutes erfolgreich war; eines Institutes, das Weizsäcker leiten sollte und welches aus dem bisherigen recht konservativen Rahmen der MPG vollkommen herausfiel. Bis dahin war in der MPG nur die reine Grundlagenforschung betrieben worden; ein interdisziplinäres Institut, welches sich auch den realen und aktuellen Bedingungen widmen sollte, die der Politik zugrunde liegen, war für sie total neu. Allerdings bestand für die MPG von vornherein die Aussicht, nach bereits zehn Jahren mit der Emeritierung des Direktors die Angelegenheit wieder zu erledigen. So wurde dann nach einer zweijährigen Vorbereitungszeit am 1. 1. 1970 das Max-Planck-Institut für die Erforschung der Lebensbedingungen der wissenschaftlich-technischen Welt in Starnberg gegründet. Dadurch war dann für Weizsäcker die Möglichkeit gegeben, sich intensiv und mit einer Anzahl von Mitarbeitern einer wissenschaftlichen Durchdringung der drängenden Weltprobleme zu widmen.

Obwohl die erste Veröffentlichung des Instituts die noch in Hamburg begonnene große Studie über „Kriegsfolgen und Kriegsverhütung" war, war das Institut entschieden *nicht* als ein „Institut für Friedensforschung" konzipiert worden. Der Anlaß für Weizsäcker, das Institut übernehmen zu wollen, war zwar sehr wohl die „Gefährdung der Menschheit durch die Atombombe", aber Friedensforschung hätte eine viel zu starke Einschränkung bedeutet. Die Frage von Krieg und Frieden kann nicht von all den anderen mit ihr zusammenhängenden Fragen isoliert werden. So bemerkt Weizsäcker[11]:

„Der Name des Institutes bezeichnet nicht, wie bei Forschungsinstituten üblich, eine wissenschaftliche Disziplin, einen Bereich, in dem geforscht werden soll. Er bezeichnet vielmehr ein Problem, zu dessen Lösung eine interdisziplinär angelegte Forschung beitragen soll. Der Name setzt voraus, daß die Welt, in der wir leben, eine wissenschaftlich-technische Welt ist, ... die in noch immer wachsendem Maß durch die Auswirkungen von Wissenschaft und Technik geprägt ist. Das Wort Lebensbedingungen hat dabei einen Doppelsinn. Einerseits bezeichnen die Lebensbedingungen der wissenschaftlich-technischen Welt die Umstände, unter denen wir faktisch in dieser Welt leben, also die Art, wie Wissenschaft und Technik unsere Lebensform bedingen. Andererseits bezeichnen sie die Bedingungen, unter denen diese Welt

---

[11] Der bedrohte Friede, S. 450 f.

überhaupt leben kann, also die notwendigen Bedingungen ihres Überlebens (englisch: conditions of survival). Ich schränke hierbei das Forschungsziel auf notwendige Bedingungen des Überlebens ein, d.h. auf solche, von denen einsehbar sein sollte, daß ohne ihre Erfüllung ein Überleben dieser Welt nicht zu erwarten ist."

Hierbei war ein Ziel, die Effekte „zweiter Ordnung" zu untersuchen, die – zumeist nicht erwünscht – aus den gewollten Anwendungen der Wissenschaft im ökonomischen, gesellschaftlichen, politischen und ökologischen Rahmen entstehen. Diese Nebenwirkungen werden normalerweise bei den Planungen nicht vorhergesehen, wie zum Beispiel „Gesellschaftsveränderungen durch technisch erzeugten Wohlstand, Bevölkerungswachstum durch Medizin, Umweltveränderung durch technische Ausbeutung, Änderung der Außenpolitik durch technische Waffen".

Weizsäcker drängte somit darauf, die ökonomischen, sozialen, seelischen Wurzeln der bisher in der Geschichte unlösbar gebliebenen Probleme zu untersuchen. Damit waren drei Wissenschaften angesprochen: die Ökonomie, die Soziologie und eine Anthropologie, die auch psychologische Fragen betrachten mußte. Hieraus ergaben sich die Gefahr und die Chance des Institutes[12]. „Die Gefahr eines engagierten Dilettantismus lag auf der Hand. Die Chance bedarf einiger erläuternder Worte. Die disziplinäre Spezialisierung der Wissenschaften rührt von den Grenzen unserer intellektuellen Leistungsfähigkeit her, nicht von einem objektiven Zerfallen der Wirklichkeit in Bereiche. Die Politik ist von der Wirtschaft untrennbar, die Wirtschaft ist nur eine der Funktionen der Gesellschaft, die Gesellschaft besteht aus Personen und lebt inmitten der Natur, der sie historisch entstammt. Die Enge jedes Expertengesichtskreises ist ein Grundproblem der wissenschaftlichen Politikberatung. Jeder Praktiker weiß, wie unzureichend die Ratschläge spezialistischer Experten sind, wieviel er selbst also bei jeder Entscheidungsfindung aus simpler Lebenserfahrung heraus ergänzen muß, was kein Experte ihm sagen

---

[12] Ebd., S. 462.

kann. Hier sah ich eine Chance für die Wissenschaft in der problemerzwungenen Interdisziplinarität."

Für den Bereich der Soziologie gelang es, den Philosophen Jürgen Habermas als zweiten Direktor ans Institut zu berufen. Weizsäcker empfand es als einen glücklichen Zufall, daß Habermas bereit war, auf seine Bitte hin nach Starnberg zu kommen, er war an seiner Kompetenz und seiner unnachsichtigen Forderung nach wissenschaftlicher Strenge interessiert. Unter den Mitarbeitern des Instituts, die politisch in ihrer Mehrheit mehr links einzuordnen waren, genoß Habermas, zumindest vor seinem Starnberger Engagement, den Ruf eines gesellschaftskritischen, progressiven Denkers; allerdings wurde alsbald die anfangs am Institut herrschende Mitwirkung nicht nur der Wissenschaftler sondern sogar der nichtwissenschaftlichen Mitarbeiter an der Entscheidungsfindung abgeschafft. Der Verfasser kam erst kurz vor der Schließung des Instituts nach Starnberg, er traut sich daher nicht zu, die Konflikte objektiv einzuschätzen, welche sich um diesen zweiten Direktor abspielten und die in ihrer Konsequenz schließlich zur totalen Auflösung des Instituts wesentlich beigetragen haben.

Die Arbeit am Institut wurde in Projektgruppen organisiert. Die von Horst Afheldt geleiteten Forschungen befaßten sich mit den Fragen von alternativen Verteidigungskonzepten. Sie wurden mehr als zehn Jahre über die Schließung des Instituts hinaus bis zu seiner Versetzung in den Ruhestand erfolgreich fortgesetzt; im nächsten Unterkapitel wird darauf genauer eingegangen werden.

Drei Projekte kamen von Mitarbeitern Weizsäckers, nämlich 1. Umwelt, 2. Unterentwicklung und 3. Alternativen in der Wissenschaft. Aus der Habermas-Gruppe wurden untersucht 4. Ökonomische Krisentendenzen im heutigen Kapitalismus, 5. Krisenbehandlung durch den Staat und 6. Protest- und Rückzugspotentiale von Jugendlichen in unserer Gesellschaft.

Noch in der Vorbereitungsphase galten die Arbeiten über die Umweltproblematik als der Öffentlichkeit kaum vermittelbar. Hier setzte in der Folgezeit aber ein gewaltiger Umdenkungsprozeß ein, so daß die Umweltstudie im Institut schließlich durchgeführt werden konnt. K. M. Meyer-Abich betrieb diese nach seinem Weggang 1972 aus Starnberg auch in Essen weiter, wo das

Projekt den Schwerpunkt Energieverwendung und -einsparung erhielt. In Starnberg wurde die Studie konsequent weitergeführt in Richtung auf die ökonomischen Grundlagen hin. Die Schlüsselfragen für die Umweltzerstörung sind von ökonomischer Natur. Die Gruppe um U. P. Reich und Ph. Sonntag untersuchte daher die Frage, ob das „Sozialprodukt" eine vernünftige Größe zur Berechnung des gesellschaftlichen Wohlstandes ist oder ob die Zunahme des Sozialprodukts in Wirklichkeit eine Abnahme des Wohlstandes bedingt. Die Forschungen führten dazu, daß die Ausgangsthesen abgeändert werden mußten, so daß von Weizsäcker die Ergebnisse der Untersuchungen als besonders überzeugend bezeichnete, da die Forscher durch die eigenen Untersuchungen genötigt waren, ihre Anfangserwartungen zu korrigieren.

Das Projekt „Unterentwicklung" ging vom Hungerproblem in der Dritten Welt zu den Ursachen der Unterentwicklung über. Hier trat nach Weizsäckers Meinung ebenfalls eine interessante Weiterentwicklung der Ansichten ein. Die ursprüngliche Annahme, das Herauslösen der Entwicklungsländer aus dem Weltmarkt würde genügen, um über die Unterentwicklung hinwegkommen zu können, wurde durch die Forschungen überwunden. Die Gruppe um F. Fröbel, J. Heinrichs und O. Kreye begann dann, den Kapitalismus als einen die Neuzeit überdeckenden einheitlichen Prozeß zu studieren. „Diese Denkweise ist ... viel besser als andere gegen das sozialistische Wunschdenken gefeit: der Kapitalismus sollte aufhören, also wird er aufhören, aber ebenso gegen das kapitalistische Wunschdenken: der Kapitalismus hört nicht auf, also ist er gut. Meines Erachtens ist auch aller sogenannte Sozialismus essentiell ein Teil, nicht ein Gegenspieler dieses Prozesses, und eine tiefdringende Geschichtsanalyse müßte zu begreifen suchen, warum das so ist."[13] Die große Leistung der Gruppe, die nach der Institutsschließung nicht mehr in der MPG verbleiben konnte und dann als „Starnberger Institut e. V." weitergearbeitet hat, bestand in ihren umfangreichen weltweiten Unter-

---

[13] Ebd., S. 470.

suchungen über die „neue ökonomische Arbeitsteilung". In ihr wurden die Mechanismen der Arbeitsverlagerung aus den Industriestaaten in die Niedriglohnländer der Dritten Welt erforscht.

Die Gruppe „Alternativen der Wissenschaft" wollte sich anfangs mit einer gesellschaftlich relevanten und praxisbezogenen Forschungspolitik befassen. Dies führte sie dann in den Bereich der Wissenschaftsgeschichte und Wissenschaftssoziologie. G. Böhme, W. van den Deale, R. Hohlfeld, W. Krohn, W. Schäfer und T. Spengler veröffentlichten ihre Untersuchungen unter dem Titel „Die soziale Orientierung des wissenschaftlichen Fortschritts". Auf die Frage, ob die Wissenschaftsentwicklung durch innere Faktoren – die Wahrheitsfindung – oder aber durch äußere – gesellschaftliche Interessen – gesteuert ist, antworteten sie mit einem Modell der Abfolge mehrerer Phasen. Nach einer Vorphase, in der das Paradigma der Theorie tastend gesucht wird, folgt die nur an der Wahrheit orientierte Ausbildung der fundamentalen Theorie. Danach, in einer dritten Phase der Anwendungen, kann es auch von außen steuernde Einflüsse geben. In dieser Phase bestehen „Alternativen in der Wissenschaft".

K. Gottstein, der sich vor allem Fragen aus dem Umkreis der Kernenergie widmete, kam Mitte der siebziger Jahre ans Institut. M. S. Voslenskij analysierte in seinem Buch „Nomenklatura" den realen Sowjetsozialismus. Zu den Mitarbeitern am Projekt der Physikergruppe des Institutes gehörten, zum Teil nur zeitweilig, M. Drieschner sowie J. Becker, F. Berdjis, L. Castell, K. Drühl, P. Jacob, W. Heidenreich, Th. Künemund, P. Roman und F. J. Zucker.

Auf die Arbeiten der Gruppe um H. Afheldt soll gesondert im nächsten Unterkapitel eingegangen werden. An deren Weiterführung nach der Schließung des Instituts waren zeitweilig noch M. Goller, O. Ischebeck, A. v. Müller und G. Neuneck beteiligt.

Wie blickt Weizsäcker selbst auf das Starnberger Institut zurück?

In einem „Rückblick" überschriebenen Text [14] führt er aus, daß

---

[14] Ebd., S. 479 ff.

seiner Meinung nach die Forschungen eine Weiterführung verdient hätten. Als eine Schwäche des Instituts sah er an, daß seine Projekte ausschließlich kontroversen Themen gewidmet waren. Dies führte offenbar dazu, daß politische Differenzen zu den Arbeiten des Institutes von seinen Gegnern oft als fachliche Kritik ausgegeben wurden. „Wissenschaftliche Kritik kann ein politisches Urteil nur dann korrigieren, wenn erkennbar ist, daß sie nicht bloß die (meist unbewußte) Tarnung eines abweichenden politischen Urteiles ist; und ein politisches Urteil wird erst dann wissenschaftlich diskutierbar, wenn es sich mitsamt seiner Motivation als politisch zu erkennen gibt."

Der gedankliche Zusammenhang der Forschungen am Institut als Ganzes war bei oberflächlicher Betrachtung schwer erkennbar. So hat dann die Kommission, welche die Auflösung vorgeschlagen hatte, offenbar den Eindruck von unverbundenen Teilen erhalten. Dieser Eindruck war mit verursacht worden durch die Schwierigkeiten, die im Versuch der interdisziplinären Arbeit liegen. „Die Sozialstruktur der weltweiten Wissenschaftlergesellschaft schafft ein gravierendes Hemmnis gegen interdisziplinäre Arbeit. Die Karriere eines jungen Wissenschaftlers hängt vom Urteil seiner Fachgenossen über seine fachlich spezialisierten Arbeiten ab. Alles andere wird allenfalls als Allotria geduldet. Wer aus Sachmotiven in ein interdisziplinäres Institut geht, der riskiert seine Karriere. Er wird daher leicht der Versuchung erliegen, innerhalb des Institutes doch möglichst fachspezifisch zu arbeiten.

Eine zweite Stufe in den Gründen mangelnder Integration ist die Fremdheit zwischen den Denkweisen der Wissenschaften. Ich habe vorher nicht gewußt, wie tief die Kluft zwischen den Mentalitäten von Ökonomen und Soziologen ist ... Noch tiefere Klüfte müßte eine anthropologische Fragestellung überbrücken, so zwischen den traditionellen, verstehenden Geschichtswissenschaften und den empirisch-systematischen Sozialwissenschaften, die noch tiefere zwischen den Humanwissenschaften und der Biologie und schließlich die Fremdheit aller positiven Wissenschaften gegen philosophische und theologische Fragestellungen. Ich traue mir zu, mit Vertretern aller dieser Fachrichtungen zu reden, aber es ist mir nicht gelungen, sie zu gemeinsamer wissenschaftlicher Produktivität zu veranlassen."

Die Verbindungen des Instituts zur praktischen Politik waren in den ersten fünf Jahren seines Bestehens sehr gering. Doch, so Weizsäcker weiter: „Inzwischen haben die Arbeiten zur Energiepolitik, zur Rüstungspolitik und zur Weltwirtschaft (Unterentwicklung) ... Beachtung gefunden. Persönlich bin ich entschlossen, an diesen Themen nicht mehr selbst wissenschaftlich weiterzuarbeiten. Ich werde den Apparat dafür nicht haben, und ich werde nicht versuchen, ihn mir zu schaffen. Mein Wunsch ist, zu denjenigen Arbeiten zurückzukehren, die mich von jeher wissenschaftlich und philosophisch beschäftigt haben: zu den Grundlagen der Physik und, anschließend daran, zu einer Meditation der Grundlagen unseres Bewußtseins. Aber ich kann dabei den Blick nicht von den ungelösten Problemen unser Politik abwenden. Darum muß ich auch die Fortführung unserer Arbeiten wünschen. Dieser Wunsch ist natürlich nicht schon damit erfüllt, daß es anderswo Institutionen gibt, die dieselben Themenkreise bearbeiten. Unsere Arbeiten haben in jedem dieser Gebiete eine gewisse Schärfe der Position gewonnen, sie sind in keinem Gebiet mit der herrschenden Meinung – soweit es eine solche gibt – identisch. Mir liegt heute, wie schon seit langem, nicht daran, bestimmte Meinungen durchzusetzen – und wenn es meine eigenen wären. Die Meinungen aller Mitarbeiter des Instituts, mich eingeschlossen, haben sich ständig entwickelt. Mir liegt daran, daß im öffentlichen Bewußtsein die Probleme gegenwärtig sind, die durch die nichtkonventionellen Ergebnisse der Institutsarbeit gleichsam aufgespießt werden."

Auf Beschluß der Max-Planck-Gesellschaft wurde die Abteilung Weizsäckers des „Max-Planck-Instituts zur Erforschung der Lebensbedingungen der wissenschaftlich-technischen Welt" mit der Emeritierung des Chefs im Sommer 1980 geschlossen. Die von der Schließung betroffenen, streitgewohnten Mitarbeiter erreichten es, den besten Sozialplan in der Geschichte der MPG zu erkämpfen. Der verbleibende Direktor wandelte das Restinstitut in ein „Max-Planck-Institut für Sozialwissenschaften" um und veranlaßte den Umzug von Starnberg nach München. Zwei weitere

Kodirektoren sollten berufen werden, der Psychologe Prof. Franz Emanuel Weinert nahm den an ihn ergangenen Ruf bald an.

Arbeitsrechtliche Auseinandersetzungen zwischen Prof. Habermas und den ausscheidenden Mitarbeitern führten dazu, daß dieser seinen Posten aufgab. Dies hatte zur Folge, daß nun auch alle Mitarbeiter seiner Abteilung auf der Straße standen und das „Max-Planck-Institut für Sozialwissenschaften" in das „Max-Planck-Institut für psychologische Forschung" umgewandelt wurde. In diesem konnte wenigstens das nichtwissenschaftliche Personal des alten Instituts seine Weiterbeschäftigung finden, soweit die Mitarbeiter bereit waren, den Umzug der Arbeitsstelle mitzumachen.

Was wird nun nach den zehn Jahren der „Erforschung der Lebensbedingungen"?

Dazu soll Weizsäcker selbst in einem Zitat zu Wort kommen, das er 1986 verfaßt hat [15]:

„Es erschien mir unerläßlich, nicht eine Hoffnung rational unnachvollziehbarer Prophetie zu geben, sondern ein rational nachvollziehbares Bild einer möglichen Zukunft zu zeichnen. Aber die Angst hinderte die Menschen, die Vernunft eines solchen Bildes nachzuvollziehen; sie hielten gerade das Vernünftige daran für unvernünftig. Und ebendies machte es unmöglich, das Bild real mit möglichen Details anzureichern. Denn wenn die Menschen so angstvoll beharren, sind die notwendigen Details unmöglich. Dann ist nur die Katastrophe möglich, und nach ihr Details, die wohl niemand vorhersagen kann. Im Anfang des Starnberger Instituts wußte ich nur die Formel, die Bewahrung des Friedens müsse die politische Priorität haben. Mehr ist auch nicht dazugekommen. Und die Formel blieb blaß, geeignet für verlogene Sonntagsreden der Politiker. Habermas ist ein tragischer Held der aufgeklärten Vernunft. Er sieht, daß Vernunft nicht Besitz des isolierten Subjekts, sondern Leistung der Kommunikation ist. Er muß dann Regeln der Vernunft aus den Bedingungen der Kommunikation bestimmen. Dies alles ist hochwichtig, um Logik,

---

[15] Bewußtseinswandel, S. 429 f.

Physik und politische Analyse zu beurteilen. Aber ist die bisherige Aufklärung nicht ein Kartenhaus unter dem Anhauch Nietzsches?

Deshalb hat mich der Gedanke des Konzils erfaßt. Nur die Religion – in unserer Kultur unter meinen direkten Adressaten also nur das Christentum – hat eine hinreichend tief gegründete ursprüngliche Vision dessen, was sein muß, und eine heute noch hinreichend breite Resonanz unter den Menschen. Das Haupthemmnis liegt hier in der historischen Akkomodation (Anpassung) der Kirche an die Welt, in Hierarchie und Theologie. Das Hemmnis fürs Zusammenkommen ist die Angst unter den Klugen unter den Kirchenleuten vor dem, was sie im Konzil werden tun müssen. Aber sie werden sich schwerlich effektiv wehren können. Und dann, laß sie zusammenkommen, und sie werden ihr blaues Wunder erleben, was sie dort sagen werden!"

5.3 Kriegsverhütung und Abrüstungspolitik

Die Fragen von Kriegsverhütung und Abrüstungspolitik bilden einen Kernpunkt in Weizsäckers öffentlichem Handeln. Das wichtigste Gebiet der Starnberger Forschungen lag in diesem Bereich, der, Jahre nach der Schließung des Instituts, endlich die ihm zukommende Rolle in der internationalen Diskussion erhält. Diesen Problemen soll daher ein eigenes Unterkapitel gewidmet werden. Selbstverständlich wird an vielen anderen Stellen des Buches davon gesprochen, hier sollen sie noch einmal zusammengefaßt werden.

Der Beginn von Weizsäckers öffentlichem Wirken kann mit der Veröffentlichung der Göttinger Erklärung verbunden werden. In der nachfolgenden Diskussion wurde ihm immer deutlicher, daß ethisches Engagement nur die eine Seite ist, daß zur erfolgreichen Wirkung aber unbedingt eine fundierte Sachkenntnis gehört.

Im Jahre 1959 wurde von einigen Physikern die *Vereinigung deutscher Wissenschaftler* (VDW) gegründet. Diese baten Weizsäcker um seine Mitarbeit[16]. „Ich sagte zu unter einer Bedingung: es sollte nicht eine Vereinigung zur Durchsetzung einer politischen Ansicht (auch nicht meiner eigenen), sondern zur Diskussion der mit der Wissenschaft zusammenhängenden politischen Probleme sein, die nur die Ergebnisse gründlicher Studien oder allenfalls einen Konsens der Wissenschaftler, der sich über die Grenzen ihrer eigenen politischen Meinungsunterschiede hinweg herausstellen würde, publizieren sollte. Ich war überzeugt, daß die politische Selbstinformation der Wissenschaftler vorerst eine viel wichtigere Aufgabe sei als das öffentliche politisch Hervortreten im Schutz des leicht zu verscherzenden und kaum wieder zu erwerbenden Nimbus der tieferen Einsicht der Wissenschaft. Die Bedingung wurde akzeptiert, bezeichnet aber trotzdem den Angelpunkt aller späteren inneren Auseinandersetzungen in der Vereinigung."

Die Aufzeichnungen aus dem Jahre 1969 fahren an einer anderen Stelle fort[17]: „Der Rückblick auf 10 Jahre VDW ruft mir vor allem die Erinnerung an unseren internen Streit wach, der von hinreichend prinzipieller Bedeutung ist, um hier erwähnt zu werden. Ich habe mich manchmal gefragt, ob nicht die VDW eine Fehlgründung sei, oder aber, wenn nicht, ob meine Mitgliedschaft in ihr nicht für sie und mich schädlich sei, da hier vielleicht Unvereinbares vereinbart werden sollte. Ich habe einen großen Teil meiner der VDW gewidmeten Zeit damit verbracht, die Vereinigung an gewissen öffentlichen Verlautbarungen zu hindern, die mir politisch naiv erschienen. Von meiner, vermutlich einseitigen, Blickrichtung her gesehen, ging das Bedürfnis, solche Äußerungen zu tun, etwa aus folgender Denkweise hervor: ‚Wissenschaftler denken rational und sind aufrichtig, Politiker folgen irrationalen Motiven. Wissenschaftler, vor allem wenn sie der (nach heutigen Begriffen gemäßigten) Linken angehören, haben daher eo ipso ein richtigeres Urteil auch über politische Fragen als Politiker. Es ist daher eine moralische Pflicht der Wissenschaftler, dieses ihr Wissen öffentlich bekannt zu machen.'

---

[16] Der bedrohte Friede, S. 197.
[17] Ebd., S. 187.

Ich konnte die Motive, aber nicht die vorgebrachten Ansichten achten. Zwar schauen kluge Wissenschaftler in der Tat oft weiter als viele aktive Politiker. Ihr spezieller Fehler ist aber, das Nahe nicht genau zu sehen; sie sehen oft die Bäume vor Wald nicht. Ferner bedeutet die Bereitschaft, die eigenen langgehegten Meinungen oder rasche Reaktionen in der Politik für wahr zu halten, daß man im Felde der Politik genau die Gesetze der Wahrheitsfindung vergißt, die man in der Wissenschaft praktiziert. Über eine wissenschaftliche Frage würde kaum ein Wissenschaftler so leichtfertig urteilen, wie er es sich über politische Fragen oft erlaubt. Schließlich schien mir der Wunsch der Wirkung durch öffentliche Äußerung oft eine bloße Gewissensberuhigung: Wenigstens kann man uns nachher nicht nachsagen, wir hätten geschwiegen. Wer wirklich in der Politik etwas ändern will, muß sehr viel mehr verschwiegene Mühe aufwenden als zu einer öffentlichen Äußerung gehört."

Im Herbst 1961 wurden auf der Jahresversammlung der VDW Pläne der Bundesregierung zum Bunkerbau für den Zivilschutz erörtert. Weizsäcker setzte sich mit der Forderung durch, an Stelle der Veröffentlichung einer diesbezüglichen Resolution eine Kommission zu beauftragen, um eine gründliche Studie zum Problem zu erstellen. H. Afheldt wurde deren Sekretär. Diese Kommission erstellte dann ein Gutachten, welches besser war als die Vorarbeiten des Ministeriums. Es zeigte sich dann, daß man damit auch politischen Erfolg hatte, „freilich nicht ohne sehr sorgfältige taktische Erwägungen. Es wurde Wert darauf gelegt, die Zuständigen früher als die Öffentlichkeit zu informieren, aber zugleich klarzumachen, daß man sich jedenfalls an die Öffentlichkeit wenden würde; es wurde also versucht, unnötige Animositäten zu vermeiden und doch den Druck der öffentlichen Meinung ins Spiel zu bringen."

Im Sommer wurde Weizsäcker durch die Lektüre von H. Kahns Buch „On Thermonuclear War" zu der Meinung gebracht, daß für die Bundesrepublik eine Studie über mögliche Kriegsfolgen erstellt werden müßte [18]. „Mein stärkstes Motiv war dabei vielleicht

---

[18] Ebd., S. 201.

der Wunsch, selbst Bescheid zu wissen. Zweitens wollte ich durch die Betrachtung verschiedener möglicher Kriegsbilder die Torheit der auf einem einzigen, schon veralteten Kriegsbild beruhenden, auf 20 Jahre angelegten Bunkerbaupläne der Bundesinnenministeriums bloßstellen. Drittens wollte ich darüber hinaus auch durch dieses Projekt die öffentliche Aufmerksamkeit auf die realen Gefahren des Kriegs lenken."

Diese Studie[19], die zusammengefaßt als Buch veröffentlicht wurde, erhielt eine große öffentliche Aufmerksamkeit. In dieser Arbeit kam man zu dem Schluß, daß es mit den heutigen Waffensystemen keine Verteidigung, sondern nur Abschreckung geben kann. Sie enthielt ferner eine umfangreiche Analyse über die Stabilität der Abschreckung, aus der deutlich wurde, daß Abschreckung nur eine vorübergehende Lösung sein kann. Die Studie zeigte die Notwendigkeit einer friedensbewahrenden Politik, ob eine solche Politik auch tatsächlich möglich sei, blieb offen. Darüber zu arbeiten wurde eine Aufgabe, der sich dann später das Institut in Starnberg vor allem widmete.

Als Nebeneffekt zeigte es sich, daß die Durchführung der Studie organisatorische Schritte erfordert hatte, die sich später als Vorstufen für das Starnberger Institut erweisen sollten.

H. Afheldt brachte in die sicherheitspolitische Diskussion dieser Zeit einen polyzentristischen Standpunkt ein[20]. Er „wies darauf hin, daß wenn eine Welt das beste ist, zwei Welten nicht notwendigerweise das zweitbeste sind. Ein Gleichgewicht der Mächte gibt es nach jahrhundertelanger außenpolitischer Erfahrung erst bei fünf Großmächten und eine bindende Rechtsordnung entsteht u.U. unter vielen Partnern, aber kaum je unter genau zwei Partnern. Bipolaritäten drängen zum Austrag im Kampf. Ferner enthält die Aufteilung der Welt auf zwei Machthaber alle Gefahren der Vergewaltigung der Schwachen, für welche heute die Namen Vietnam und Tschechoslowakei Weltsymbole geworden sind. In Anlehnung an Gedanken de Gaulles und vieler

---

[19] Kriegsfolgen und Kriegsverhütung, München 1971.
[20] Der bedrohte Friede, S. 205.

Osteuropäer suchte Afheldt nach einem Konzept eines geöffneten Gesamteuropas.

Afheldt und ich haben unsere Gedanken einander angenähert, ohne sie voll zur Deckung bringen zu können. Was ich von seinen Vorschlägen mir aneignen konnte, habe ich 1965 in einer Studie ‚Wiedervereinigung Deutschlands und Europas‘ [21] in Thesenform zur Diskussion gestellt."

Nachdem die Anfangsphase des Starnberger Instituts vorüber war, beschlossen Weizsäcker und Afheldt, ihr ursprüngliches Thema der militär- und außenpolitischen Kriegsverhütung wieder aufzunehmen. Dazu Weizsäcker [22]: „Unsere gemeinsamen Arbeiten der sechziger Jahre, nun durch die Distanz des ökonomischen und gesellschaftspolitischen Denkimpulses des Institutsbeginnes gesehen, forderte jeden von uns beiden auf, nun einmal seine persönliche Sicht dieser Fragen je in einem eigenen Buch zusammenzufassen. Afheldt fand für seinen neuen Impuls verwandte Tendenzen in der von E. Spannochi durchgeführten österreichischen Heeresreform und in ähnlichen Vorschlägen für die französische Armee von G. Brossollet. So entstand eine Publikation von drei zusammengehörigen Büchern [23] … Wege in der Gefahr ist keine Aufsatzsammlung, sondern ein systematisch geplantes Buch über den gesamten Fragenkreis der Lebensbedingungen. In seinem Aufbau folgt einem Beitrag über Kernenergie … ein Kapitel, das zusammenfaßt, was ich den ökonomischen Arbeiten des Instituts verdanke, zwei kurze Kapitel zum russischen und chinesischen Sozialismus und eine Reihe von Kapiteln über die Kriegsproblematik. Ein Schlußkapitel leitet über in die geschichtsphilosophisch-anthropoligischen Fragestellungen, denen … Der Garten des Menschlichen gewidmet ist …

Afheldts großes Buch Verteidigung und Frieden ist vor allem eine systematische und kritische Analyse des Gesamtthemas der

---

[21] Ebd., S. 145 ff.
[22] Ebd., S. 476 f.
[23] Horst Afheldt, Verteidigung und Frieden, 1976; E. Spannochi und G. Brossollet, Verteidigung ohne Schlacht, 1976; C. F. v. Weizsäcker, Wege in der Gefahr, 1976.

Friedenspolitik mit militärischen Mitteln. Sowohl die Abschreckungsstrategie der Großmächte wie die europäische Strategie der NATO sind im Detail behandelt. Den Rahmen bilden grundsätzliche Erwägungen über die Bedingungen, unter denen Abschreckung überhaupt stabil sein kann. Die umfassende Komplexität, logische Subtilität und kritische Präzision dieser Analysen ist, soviel ich sehen kann, von der Militärwissenschaft in den seit der Publikation verstrichenen zweieinhalb Jahren noch nicht verarbeitet worden. Der Aufnahme dieser denkerischen Substanz hat vielleicht die Tatsache eher im Wege gestanden, daß das Buch zugleich einige positive strategische Vorschläge enthält, die kurzfristig sensationell wirkten und eine intensive Diskussion in der Bundeswehr ausgelöst haben.

Afheldts grundsätzliche Forderungen an ein Abschreckungssystem, das zu einer stabilen Friedenssicherung soll führen können, sind hart, und unsere ältere Studie hatte nachgewiesen, daß die bestehende Abschreckungsstrategie diese Forderung nicht erfüllt. Grob vereinfachend sage ich, ein solches System sollte nicht der Drohung mit dem gegenseitigen Selbstmord bedürfen, und es sollte keinen eingebauten Zwang zum Wettrüsten enthalten."

Afheldt hatte in seinem Buch an einem Denkmodell gezeigt, daß die Forderungen grundsätzlich erfüllbar sind. Sein Vorschlag betraf den konventionellen Bereich. Hier sollten nicht überlegene Panzerarmeen durch zahlenmäßig unterlegene Panzerarmeen abgewehrt werden, wie es das bisherige Konzept der NATO vorsah, sondern Technokommandos mit panzerbrechenden Präzisionswaffen sollten die Raumverteidigung übernehmen. Diese bieten keinen Anreiz zum Wettrüsten und sind unter ökonomischen Gesichtspunkten dem Angreifer ebenfalls überlegen.

Während sich Afheldt vor allem der militärpolitischen Seite der Friedenssicherung zuwandte, versuchte Weizsäcker, auch die tieferen Ursachen der Friedlosigkeit zu ergründen. Hierzu sollen noch aus den beiden Essays *Friedlosigkeit als seelische Krankheit*[24] und *Über den Mut, sich zur eigenen Angst zu bekennen*[25] einige

---

[24] Der bedrohte Friede, S. 153 ff.
[25] Bewußtseinswandel, S. 71 ff.

Gedanken aufgeführt werden. Die beiden sehr lesenswerten Essays seien dem Leser zur eigenen Lektüre empfohlen, hier können sie nur kurz gestreift werden.

Weizsäcker betont, daß wir heute, im Gegensatz zu früheren Zeiten, einen institutionell gesicherten Weltfrieden brauchen. Dagegen werden, oft von denselben Menschen, die beiden folgenden gegensätzlichen Argumente vorgebracht: Wir würden ja doch im Frieden leben und Friede sei nur ein frommer Wunsch. Weizsäcker setzt sich mit diesen Argumenten, auch im Sinne der Evolutionstheorie, erst rational auseinander und kann sie darüber hinaus einordnen als einen Ausdruck von Verdrängung. Auf deren mögliche seelische Wurzeln geht er dann ein. Dazu stellt er vier Thesen auf:

„1. Friedlosigkeit ist nicht ein Aspekt menschlicher Gesundheit, sondern menschlicher Krankheit. Sie ist also weder etwas, was sein soll, noch etwas was leider unausweichlich sein muß ...

2. Es ist ein sinnvolles Ziel, die Friedlosigkeit zu überwinden. Wir haben uns nicht mit ihr abzufinden.

3. Friedlosigkeit ist von außen her weder als Dummheit noch als Bosheit anzusprechen; eben darum ist sie weder durch Belehrung noch durch Verdammung zu überwinden. Sie bedarf eines anderen Prozesses, den man Heilung nennen sollte. Erst in der Heilung wird der Kranke selbst inne werden, inwiefern er als Kranker töricht und schuldig war.

4. Der Kranke, dessen Krankheit nicht oder noch nicht geheilt werden konnte, bedarf der Fürsorge. Heilung der Friedlosigkeit ist, menschlich gesehen, nicht möglich ohne einen Rahmen, der die Fürsorge für die Ungeheilten umfaßt."

Weizsäcker zitiert dann die Geschichte vom Sündenfall, in der eine mythische Erklärung für die Friedlosigkeit des Menschen gegeben wird. Er weist aber zugleich darauf hin, daß die Mythen uns heutige Menschen nicht mehr unmittelbar ansprechen können. Der von der Wissenschaft erzwungene Frieden sollte daher auch mit den Mitteln der Wissenschaft gedacht werden. Diese aber ist sich über die Gründe für die Friedlosigkeit nicht einig. In einer sozialdarwinistischen Denkweise kann Aggressivität als biologisch notwendig verstanden werden, damit wäre dann die Friedlosigkeit das Normale und nicht der Heilung bedürftig. Andere, wie der Marxismus, suchen die Ursachen dafür allein in der sozialen Umwelt. Eine erfolgreiche historische Probe für diesen Ansatz gibt es nicht. Die Psychoanalyse hebt einen anderen Aspekt hervor. Sie sieht in den frühkindlichen Verletzungen und Schädigungen die Quelle für spätere Neurosen und Zwänge, die sich dann oft als Aggression äußern.

„Gemeinsam ist den Umwelttheorien das Problem, was denn die Anlagen im Menschen sind, die ihn auf bestimmte familiäre und gesellschaftliche Verhältnisse so zu reagieren veranlassen. Der Kampf um begrenzt vorhandene Güter, kurz der Hunger allein erklärt nicht die grenzenlose Anhäufung von Macht und Geld, die unstillbare Aggression des einst Unterdrückten. Der Marxismus nimmt hier, wenn ich richtig sehe, als gegeben an, was er erklären müßte, und Freuds Theorie bedurfte eines naturwissenschaftlich kaum geklärten Gefüges von ihrerseits nun doch angeborenen Trieben.

Es scheint mir, daß jede der drei Lehren, die ich hier aus manchen anderen herausgegriffen habe, einen großen Brocken Wahrheit in der Hand hat, die aber durch die Isolierung von anderen Tatsachen zur Unwahrheit wird."

Weizsäcker versucht dann einen synthetischen Ansatz, „der keine übertriebene Originalität beansprucht". Im Darwinismus geht es um das Überleben der Art. Wenn die innerartliche Aggression zur Selbstausrottung führt, so muß diese Art untergehen. Bei den Tieren ist die innerartliche Aggression gekoppelt mit einer Tötungshemmung gegenüber dem Unterlegenen. Da der Mensch von Natur aus nicht sonderlich gut zum Töten eingerichtet ist, ist offenbar auch diese Tötungshemmung bei ihm nicht sehr stark biologisch fundiert.

Weizsäcker übernimmt in seiner Argumentation ein Stück weit die Sichtweise von Konrad Lorenz, die er aber nur in bezug auf die Tiere als hinreichend ansehen kann. Der Mensch ist durch die Sprache aus dem tierischen Instinkt herausgehoben, er kann mit ihrer Hilfe „Erfahrungen vererben".

„Das Tier ist der Wirklichkeit, in der es lebt, angepaßt, es erweist sich in seinem Verhalten mit ihr vertraut; wäre es nicht so, es könnte nicht überleben. Der Mensch hingegen kann eben die Wirklichkeit wissen; im Medium der Sprache, des Denkens, der Vorstellung hat er sie gleichsam noch einmal, und aus diesem Wissen heraus kann er nicht nur sich ihr anpassen, sondern auch sie verändern. Die Wirklichkeit, die er wissen kann, ist nicht nur die äußere Welt, in der er lebt, sondern auch er selbst: die Gesellschaft, das Ich. Der Mensch ist also gerade noch nicht voller Mensch, wo er nur instinktiv angepaßt handelt, und er hat andererseits sein Menschsein verfehlt, wo unangepaßte Triebfragmente sein wissendes Verhalten überspülen und ausschalten. Der Mensch, der dort, wo er wissend handeln müßte, einem inneren Zwang folgend unwissend handelt, ist krank. Wenn Friede Bedingung menschlichen Lebens ist, ist Friedlosigkeit seelische Krankheit[26]."

Und er schreibt weiter[27]:

„Es gibt die schöne alte jüdische Geschichte zweier Feinde, die einander am Versöhnungstage begegnen. An diesem Tage soll jeder seinem Feind vergeben, was dieser ihm angetan hat. Der eine von ihnen faßte sich ein Herz, ging auf den anderen zu und sagte: Ich wünsche dir alles, was du mir wünschst. Darauf der andere: Fängst du schon wieder an?

Einer der seelischen Mechanismen, um innerhalb einer Gruppe von Menschen den Frieden zu bewahren, ist die Weiterprojektion der Aggression auf andere Gruppen. Hier wie in privaten Streitigkeiten sieht man sehr scharf und oft zutreffend Bosheit und Torheit der anderen Gruppe. Wie genau weiß die westliche Welt, daß der Kommunismus den Unfrieden braucht und schürt! Wie genau sehen die Kommunisten die Friedensgefährdung durch die Kapitalinteressen! Koexistenzbereitschaft hat meist die Formel: Ich wünsche dir alles, was du mir wünschst und ein Konferenzabbruch die Formel: Fängst du schon wieder an?

Aber der Intellektuelle, der klug oder zornig diese Struktur in unserer friedlosen Welt entlarvt, schafft damit die Friedlosigkeit nicht aus der Welt. Die Entlarvung des Selbstwiderspruches und der Ideologie, der bewußten und der noch häufigeren und gefähr-

---

[26] Der bedrohte Friede, S. 164 f.
[27] Ebd., S. 170 f.

licheren unbewußten Lüge ist eine der wichtigen Rollen, die in der modernen Gesellschaft gespielt werden müssen. Aber wer zum erstenmal, wahrheitsgemäß, sagte: ‚Sie sagten Christus und meinten Kattun‘, der hatte selbst das geschärfte Auge des Hasses und entging nicht dem seelischen Gesetz, daß Haß Haß erzeugt. Es gibt verschiedene seelische Flammen, die sich am leichtesten an der gleichartigen Flamme entzünden: Liebe an Liebe, Haß an Haß, Frieden am Frieden, Wahrheit an der Wahrheit. Das schnellste Geschoß ist wohl der Haß, die Aggression, und darum am geeignetsten, um in alte Mauern Breschen zu schlagen. Er kann siegen, aber nicht versöhnen, und so ruft er den neuen Gegner wach, der ihn seinerseits besiegen wird.

Daß wir die Friedlosigkeit von außen nicht als Bosheit oder Torheit ansprechen sollen, beruht aber nicht nur darauf, daß dies selbst so oft in törichter Bosheit getan wird. Es entspricht vielmehr auch nicht der Struktur dieser Krankheit als Krankheit; der Vorwurf der Bosheit oder Torheit gegen den Friedlosen ist, von außen erhoben, nicht wahr. Das zwingende moralische Urteil wendet sich an Gesunde. Sie sollen, denn sie können. Das Wesen der Krankheit ist eben, daß der Kranke nicht kann, auch wenn er will. Manche seelischen Krankheiten mag man auch so beschreiben, daß der Kranke nicht wollen kann.“

In seinem Buch *Bewußtseinswandel* geht es Weizsäcker in einer Weiterführung des Konzilsgedankens um die heute nötigen geistigen Bedingungen, den Weg zum Weltfrieden begehen zu können. Der Artikel daraus *Der Mut, sich zur eigenen Angst zu bekennen* ist geschrieben aus Anlaß einer aktuellen politischen Situation: dem geplanten Beschluß zur Nachrüstung im Bereich der atomaren Mittelstreckenraketen. Es soll versucht werden, auch hier Weizsäckers Art des Argumentierens zu verdeutlichen. Er sagt[28]: „Alle relevanten Argumente für und wider sind öffentlich vorgebracht worden. Warum überzeugt das eine Argument diese, das andere jene Menschen, während eine dritte Gruppe, vielleicht die sensibelste, ratlos zwischen den Argumenten steht? In persönli-

---

[28] Bewußtseinswandel, S. 71 f.

chen Gesprächen habe ich oft die Erfahrung gemacht, daß nur die offene Enthüllung der jeweiligen emotionalen Grundmotive weiterführt, insbesondere der Mut zum Bekenntnis der Angst."

Was weiterhin am Artikel so interessant ist, sind weniger die rationalen Argumente. Diese sind bekannt und können jederzeit nachgelesen werden. Es ist die innere Offenheit gegenüber dem, was unser Handeln wirklich bestimmt, gegenüber dem, was uns aus den Tiefen unseres Inneren steuert, manchmal aller Rationalität zum Trotz. So schreibt er weiter[29]:

„Im Jahre 1968 überfiel mich in einem dramatischen inneren Vorgang die Angst, der Krieg werde unvermeidlich sein – nicht alsbald, aber irgendwann nach 1980. Seitdem ist kein Tag vergangen, an dem diese Angst nicht in mir gewesen wäre. Ich hatte und habe rationale Gründe für eine solche Besorgnis; auf diese Gründe werde ich sofort näher eingehen. Aber der Vorgang, von dem ich rede, entstammt einer seelischen Schicht, die von rationalen Argumenten vielleicht erreicht, aber sicher nicht bestimmt wird. Ich mußte also versuchen, mir darüber klar zu werden, was ein solcher Vorgang bedeutet, was er will.

Ein Wissen der Zukunft gibt es unter uns Menschen nicht. Ich habe aber nur mit solchen Menschen vernünftig über Kriegsverhütung, Schadensbegrenzung und Bewußtseinswandel reden können, die den Schrecken des wahrscheinlichen Krieges bis in die Tiefe ihrer Seele erfahren haben und nun willens sind, nüchtern zu handeln. Vielleicht ist mir der Schrecken eingepflanzt worden, damit ich das kann. Rechts und links von diesen wirklichen Gesprächspartnern sind die, mit denen man an das wirkliche Problem nicht herankommt. Auf der einen Seite stehen diejenigen, die ihre Vernunft und Leistungsfähigkeit dadurch bewahren, daß sie sich gegen den tiefen Schrecken abschirmen, die Angst verdrängen. Das führt zu einer oft sehr sinnvollen Partnerschaft im Zweitwichtigsten und zu unkorrigierbaren Fehlhandlungen im Zentralen. Auf der anderen Seite stehen die oft naiv Erschrockenen, die nun in ihrer Ver-

---

[29] Ebd., S. 74 f.

zweiflung auf undurchdachte Handlungen illusionäre Hoffnungen setzen oder, noch viel schlimmer, in Lethargie versinken."

Weizsäcker nennt dann die rationalen Argumente für seine Besorgnis: Die Schwäche der Sowjetunion, die unerleuchtete moralische Technokratie Amerikas, das wachsende Konfliktpotential der Dritten Welt und, als gemeinsamer Untergrund, die ungelösten Selbstwidersprüche unserer Kultur.

In einem *Nachtrag 1988*[30] setzt er sich mit der tatsächlichen Entwicklung nach dem Nachrüstungsbeschluß auseinander. Die Möglichkeit eines Abkommens über Rüstungsbegrenzung im Mittelstreckenbereich war zu diesem Zeitpunkt absehbar geworden. Er schreibt dann: „Meine damalige Empfindung, die Hoffnung auf diesen Verhandlungserfolg klinge mir wie ein Kindermärchen zum Trost der öffentlichen Meinung, wäre damit als unrichtig erwiesen. Helmut Schmidt hatte die Nachrüstung stets als das Mittel dazu angesehen, solche erfolgreiche Verhandlungen herbeizuführen, und er hat konsequenterweise in der Debatte des Jahres 1987 dafür plädiert, die doppelte Nullösung nun auch seitens der Bundesrepublik voll anzunehmen. Die Ereignisse haben ihm bisher recht gegeben. Gegenüber einem präzisen Denker wie Schmidt in einer wichtigen Sachfrage unrecht behalten zu haben, betrachte ich nicht als Schande; ich bekenne gern hier den Irrtum meines damaligen Pessimismus."

Zusammenfassend kann man wohl formulieren – was hoffentlich auch deutlich geworden ist –, daß der Kern von Weizsäckers politischer Arbeit das ist, was er bereits als junger Wissenschaftler in Anbetracht der physikalischen und technischen Möglichkeit der Kernwaffen empfunden hatte: Es ist notwendig, den Krieg als völkerrechtliche Institution abzuschaffen. Diesem Ziel galt auch sein großer Einsatz um ein Konzil des Friedens, dem wir uns nun zuwenden wollen.

---

[30] Ebd., S. 84 f.

5.4 Die Weltversammlung der Kirchen für Frieden, Gerechtigkeit und die Bewahrung der Schöpfung

Wie im Kapitel 4.1 zitiert worden ist, hatte Weizsäcker nach der Schließung des Starnberger Max-Planck-Instituts erklärt, daß er sich nun vorwiegend der Physik würde widmen können. Dies erwies sich schon bald nur mit Einschränkungen als richtig. Nach seiner Schließung wäre das Institut wahrscheinlich noch wichtiger geworden, denn seine Aufgabenstellung war nach wie vor aktuell geblieben.

Die Weltprobleme wurden in den 80er Jahren eher schlimmer denn besser, dies war eine Situation, unter der Weizsäcker litt. In ihr kam es, wie manchmal in seinem Leben, schon bald zu einem Zusammentreffen von innerem Bemühen und äußeren Umständen.

Ausgehend von den Kirchen in der DDR war angesichts der Probleme der Welt eine Bewegung für ein ökumenisches Konzil erwachsen, welches sich besonders mit der Frage des Weltfriedens befassen sollte. Im Jahre 1983 wurde ein entsprechender Antrag beim Weltrat der Kirchen eingebracht, und schließlich wurde aus einem Vorbereitungskreis des Deutschen Evangelischen Kirchentages im Jahre 1985 an Weizsäcker der Wunsch herangetragen, einen bereits vorformulierten Aufruf zu einem Friedenskonzil auf dem Düsseldorfer Kirchentag einzubringen und zu unterstützen.

Dieser Text war offensichtlich ungeeignet, all die unterschiedlichen christlichen Kirchen zusammenzubringen. Weizsäcker berichtete davon, daß er den Urhebern einen recht zornigen Brief zurückschrieb, etwa des Inhaltes: „Wenn Sie mit Sicherheit verhindern wollten, daß ein solches Konzil stattfindet, dann müßten Sie genau diesen Text verwenden." Als er dann später auf seiner Terrasse in der Sonne saß und darüber nachdachte, wieso er so ärgerlich geworden war, sei ihm der Grund dafür plötzlich bewußt geworden: „Er selbst wollte, daß dieses Konzil stattfinden kann!"

Als Antwort auf seinen Brief wurde er gebeten, seinerseits

einen Aufruf zu formulieren. Dieser wurde dann vom Kirchentag in Düsseldorf verabschiedet[31]:

„Wir bitten die Kirchen der Welt, ein Konzil des Friedens einzuberufen.

Der Friede ist heute Bedingung des Überlebens der Menschheit. Er ist nicht gesichert. Auf einem ökumenischen Konzil, das um des Friedens willen berufen wird, müssen die christlichen Kirchen in gemeinsamer Verantwortung ein Wort sagen, das die Menschheit nicht überhören kann.

Die Zeit drängt. Wir bitten die Kirchenleitungen, alles zu tun, damit das Konzil so rasch wie möglich zusammentritt.

Wir bitten die Gemeinden, dem Aufruf zum Konzil durch ihre ausdrückliche Unterstützung Kraft zu verleihen."

Unter Einsatz seiner ganzen Kräfte hat Weizsäcker sich dann der Aufgabe gewidmet, das Konzil auf den Weg zu bringen. Zur inhaltlichen Vorbereitung wurde von ihm 1986 das Buch *Die Zeit drängt* veröffentlicht, in der zuerst die Aufgabenstellung für das Konzil entworfen und dann eine Darstellung der heutigen Weltprobleme und eine Analyse ihrer Herkunft gegeben wurden. Dem folgten Gedanken zu einer Theologie des Friedens und schließlich Überlegungen zur Durchführung des Konzils. Im folgenden soll davon einiges besprochen werden.

Bevor Weizsäcker in seinem Buch zu den Sachfragen kommt, stellt er zuerst eine Überlegung über den zu wählenden Namen an. Da der Name „Konzil" aus kirchenrechtlichen Gründen für die katholischen und orthodoxen Christen nicht in Frage kommt und „Konferenz" zu abgenutzt ist, besteht bereits hierin ein – lösbares – Problem für die Vorbereitung. Sein Vorschlag ist „Weltversammlung". Zum Konzil selbst werden oft Fragen gestellt, die in drei Hauptfragen zusammengefaßt werden können. Auf sie gibt Weizsäcker drei klare Thesen als Anworten:

„Wie soll eine konziliare Versammlung denn zustande kommen? Was soll die Versammlung denn sagen? Was kann ihre Aussage denn bewirken?

---

[31] Die Zeit drängt, S. 11.

Drei Antworten:

Wie wird die Versammlung zustande kommen? Dadurch, daß man sie will.

Was soll die Versammlung sagen? Die Wahrheit.

Was kann die Aussage bewirken? Die Wahrheit wirkt am tiefsten, wenn sie nicht aus Angst gesagt wird und nicht um einen Zweck zu erreichen, sondern weil sie die Wahrheit ist."

Die gemeinsame Wahrheitssuche erfordert brüderliches Zuhörenkönnen, Kompromißbereitschaft und Vernunft. Angestrebt werden muß rationales, d. h. redefähiges Denken in der Hoffnung auf prophetische Qualität.

Weizsäcker kommt dann auf die heutigen Weltprobleme zu sprechen[32], sein Kernsatz lautet: „Die heutige Menschheit befindet sich in einer Krise, deren katastrophaler Höhepunkt wahrscheinlich noch vor uns liegt." Die sich daraus ergebenden Forderungen der Vernunft sind soziale Gerechtigkeit, politischer Friede und Bewahrung der Natur. Diese drei Forderungen werden einzeln betrachtet:

„Kein Friede ohne Gerechtigkeit, keine Gerechtigkeit ohne Frieden.

Dies ist nicht nur eine christliche Hoffnung. Es ist eine Forderung der aufgeklärten Vernunft." Weizsäcker erklärt dann den Begriff der Gerechtigkeit. Dabei kann mit Kant unterschieden werden zwischen Legalität, das ist Handeln gemäß dem Gesetz, und Moralität, das ist Handeln aus Achtung vor dem Gesetz. Die herrschende soziale Ungleichheit ist eine Folge der Hochkulturen, mittels politischer Freiheit können gerechtere Verhältnisse geschaffen werden.

Weizsäcker sieht das Legalitätsprinzip, das Beurteilen nicht nach den möglichen Motiven, sondern nach den tatsächlichen Handlungen, als besondere moralische Errungenschaft der Aufklärung an. Denn die Beurteilung des Handelns anderer unter moralischen Gesichtspunkten führt zur Selbstgerechtigkeit, und selbstgerechte Moral erweist sich als abgrundtief böse.

---

[32] Ebd., S. 25.

Gemeinsame Suche nach Wahrheit ist gebunden an die Äußerungsfreiheit für gemeinsame Erkenntnissuche, die Gesellschaft benötigt zum Überleben Wahrheitsorientierung. Kant formuliert: Freiheit ist das Dasein der Wahrheit. Weizsäcker faßt zusammen[33]:

„Also Legalitätsprinzip: keine Freiheit ohne Gerechtigkeit.
Wahrheitsorientierung: keine Gerechtigkeit ohne Freiheit."

Innerhalb eines Rechtsstaates kann Legalitätsprinzip und Wahrheitsorientierung zu mehr sozialer Gerechtigkeit führen, das soziale Problem der Weltwirtschaft, der Nord-Süd-Konflikt, ist so nicht lösbar, da im Weltmaßstab bis heute das Analog zum Rechtsstaat fehlt. Ein ungebremstes Bevölkerungswachstum und Schwierigkeiten der kulturellen Anpassung verschärfen die Situation weiter.

Für den politischen Frieden ist es grundlegend, daß, wie schon oft in diesem Buch gesagt, die Institution des Krieges überwunden werden muß. Die nukleare Abschreckung hat bisher nur für eine Atempause gesorgt, es muß aber eingesehen werden, daß der Weltfriede nicht technisch, sondern nur politisch gesichert werden kann.

Wenn der Weltfrieden als Überlebensbedingung der technischen Zivilisation angesehen wird, so bedeutet dies nicht, daß der politische Friede als „goldenes Zeitalter" erwartet werden darf, wohl aber zumindest als Ausdruck einer globalen Rechtsordnung. Ihn zu erreichen wird eine außerordentliche moralische, aber auch intellektuelle Anstrengung erfordern.

Zur Bewahrung der Natur schreibt Weizsäcker[34]:

„Um das, was im Überfluß vorhanden ist, kämpft man nicht. Ökonomie erzeugt und verwaltet Güter, die für uns in der Natur knapp sind. Politische Herrschaft bedeutet Verfügung über knappe Güter. Soziale Ungerechtigkeit ist ungerechte Verteilung knapper Güter. Krieg wird um Lebensräume und Herrschaft, also um knappe Güter geführt. Die moderne Technik erscheint als Weg zur Befreiung aus der Knappheit der Güter. Herrschaft über

---

[33] Ebd., S. 31.
[34] Ebd., S. 49.

Menschen, so hofft man, wird nicht mehr nötig sein und wird verschwinden, wenn wir die technische Herrschaft über die Natur errungen haben.

Haben wir die Rechnung ohne den Wirt gemacht? Die ökologische Bewegung der letzten anderthalb Jahrzehnte hat diese Gefahr wiederentdeckt. Das Abendland ist reich und zeitweilig weltbeherrschend geworden durch die Technik ... Jetzt ist im reichen Nordwesten der Rückschlag, die Angst gekommen, durch Gewässerverschmutzung, Bodenerosion, Waldsterben, Reaktorkatastrophen. Einige der größten heute schon erkennbaren ökologischen Gefahren liegen im Süden, so das Abholzen der Regenwälder. Aber im Süden sieht man die gegenwärtige Armut klarer als die vermutete künftige Gefahr; welchen Ausweg aus der Armut bieten denn die ökologischen Warner aus dem Norden?"

Umweltschutz geht nicht vom Markt aus, er muß vom Staat gewährleistet werden. Dies läßt sich im nationalen Rahmen in einer Demokratie erreichen. Wegen des Fehlens einer verbindlichen Rechtsordnung ist die Unlösbarkeit im transnationalen Rahmen offensichtlich.

Da Stellungnahmen Weizsäckers zu ökologischen Fragen hier bisher noch nicht übermäßig breit behandelt worden sind, sollen sie hier etwas ausführlicher zitiert werden[35].

„Die harten Kritiker sehen in der Tat den Konflikt zwischen Ökonomie und Ökologie nicht in den politischen Entscheidungsmechanismen, sondern in zwei unverträglichen Prinzipien: Wachstum als Interesse der Wirtschaft, Stabilität als Lebensbedingung der Natur."

„Politische Stabilität in der Hochkultur hat immer ein, wenngleich mäßiges Wirtschaftswachstum vorausgesetzt. Denn stabile Regierung, die von der Zustimmung der Regierten getragen wird, bedeutet Regierung mit menschenfreundlichen Kompromissen: Jetzt kannst du noch keinen Posten bekommen, aber in fünf Jahren wird es auch für dich einen geben. Jede Zivilisation aber ist auf die Grenzen ihres Wachstums gestoßen, durch Geographie

---

[35] Ebd., S. 50f.

und Stand der Technik bedingt. Wenn die Grenzen des Wachstums erreicht sind, muß man kompromißlos regieren. Wer das kann, erscheint den Chronisten als böser Herrscher, wer es nicht kann, als schwacher. Die politische Katastrophe ist die Folge, und nach Jahrhunderten der Wirren ist das Land ausgeblutet genug, um zu neuem Wachstum für 200 Jahre anzusetzen.

Die jeweiligen Grenzen des Wachstums sind eine Folge des jeweiligen Standes der Technik. Die moderne Technik ist in so rascher Entwicklung, daß wir die objektiven Grenzen unseres eigenen Wachstums nicht kennen. Gewiß ist, daß die Auswirkungen der Technik die Größenordnung der natürlichen geoklimatischen Änderungen zu erreichen beginnen, daß die Artenvielfalt im organischen Leben in den jetzigen Jahrzehnten rapide abnimmt, daß die Menschheit, ohne es zu wissen, die Verantwortung für die Fortdauer des organischen Lebens auf der Erde schon übernommen hat.

Unter welchen Bedingungen können wir die Verantwortung für die Erde tragen?"

Bevor im dritten Teil über die Herkunft der Probleme nachgedacht wird, gibt Weizsäcker eine kurze Reflektion: Um gemeinsame Vernunft zur Überwindung der Probleme aktivieren zu können, bedarf es Voraussetzungen. Sie sind

politisch: freie Rede und rechtsverbindliche Instanzen,

moralisch: guter Wille sowie Bereitschaft zu eigenen Opfern,

affektiv: Nächstenliebe,

transzendent: „Weder der Affekt noch die Vernunft noch der Erfolg ist unserem Willen verfügbar. Der Wille ist notwendig, aber nicht hinreichend. Gnade steht uns bei."

Die Herkunft der Probleme wird vermutet im Werdegang der Hochkultur. Weizsäcker will sich nicht einer Strömung zurechnen lassen, die den „Schuldigen" und „Bösen" schon immer kennt. Er resigniert nicht vor der „Natur des Menschen", gegen die man sowieso nichts ausrichten kann, er wendet sich gegen jeden Sozialdarwinismus. Er definiert Macht als Akkumulation von Mitteln für offengehaltene Zwecke und spricht dann in der Sprache der Evolutionstheorie vom Luxurieren der Macht. Dieses ruft eine Gegenbewegung des Ethos gegen Machtkonkurrenz hervor: die kühle, die Vernunft, und die glühende, die Liebe. Es zeigt sich, daß Vernunft und Liebe nicht identisch, aber aufeinander angewiesen sind.

Aus der Geschichte der Kirche ist zu ersehen, daß sie sich in jedem Jahrhundert mit dem Konflikt zwischen „verantwortlicher Weltanpassung und eschatologischer Verwerfung der gegenwärtigen Welt" auseinanderzusetzen hat. In der Neuzeit hat sich die Kirche in eine konservative Rolle abdrängen lassen, dadurch ist aber eine Belehrung durch die Wahrheit des Christentums kaum noch möglich. Diese eigene Wahrheit des Christentums könnte davor schützen, daß das Leiden nicht unfühlbar wird; denn Leiden kann verstanden werden als Indikator für notwendige Veränderungen. Wer aber die Symptome der Krise wahrnimmt, wird daran verzweifeln. Aus dieser Verzweiflung kann Nächstenliebe retten. „Dies aber ist die Figur der christlichen Eschatologie. Verzweiflung ist die seelische Vorwegnahme des Gerichts, und Nächstenliebe ist das neue Leben. Wenn die Kirche die Tradition ihres Ursprungs versteht, kann sie heute der Welt etwas sagen, was ihr niemand sonst sagen kann."

Der vierte Teil des Buches bringt Überlegungen zu einer Theologie des Friedens, wiederum bezogen auf die drei Hauptthemen des Konzils.

Zum Thema Gerechtigkeit sei hier nur die zweifache Versuchung mangelnder Liebe aufgeführt: 1. daß ich sie nur für mich fordere und 2. die Selbstgerechtigkeit. „Durch die Selbstgerechtigkeit wird die Macht böse." ... „Die Katastrophenträchtigkeit der heutigen Welt hängt aber mit der unentwirrbaren Verbindung von Selbstgerechtigkeit und Zynismus bei den Trägern dieser (weltlichen) Ordnungen (z. B. kontrollierte Verwaltung, freier Markt) zusammen." Aus dem folgert Weizsäcker schließlich, daß eine Theologie der Gerechtigkeit das Selbstvertrauen der säkularen Vernunft zu relativieren hat.

Der Friede wird von Weizsäcker definiert als der einer Einsicht entsprechende Gesellschaftszustand, als „Leib einer Wahrheit". Manchen Kritikern der Realpolitik schreibt er ins Stammbuch: „Es ist nicht Nächstenliebe, wenn wir das moralische Dilemma derjenigen, die politische und militärische Verantwortung tragen, durch leicht ausgesprochene radikale Forderungen ignorieren."

Der Schlußsatz des Friedenskapitels soll als Ganzes noch zitiert werden[36]:

„Ein persönliches Wort am Ende sei erlaubt. Meine Erwartungen von der Zukunft sind jenseits der Phantasie der Herrschenden, aber auch jenseits der Reichweite meiner eigenen konkreten Phantasie. Ich meine zu sehen, warum das nicht anders sein kann. Ich kann rational buchstabieren, warum der Fortgang der Menschheitsgeschichte nicht den optimistischen Erwartungen der herrschenden Rationalität entsprechen kann. Deshalb berühren mich die apokalyptischen Texte des Neuen Testaments als unmittelbar wahr, auch wenn ich genau weiß, daß sie eine alte mythische Sprache sprechen. In dieser Sprache begegnet uns eine Wahrheit, die unsere Rationalität noch nicht zu erfassen vermocht hat."

Das Kapitel über die Schöpfung setzt sich auseinander mit der biblischen Schöpfungsgeschichte und dem heutigen Ethos von Wissenschaft und Technik. Weizsäcker beklagt, daß Technik heute vielfach noch kindisch, d. h. ohne Übernahme der vollen moralischen Verantwortung angewendet wird, und fragt, ob es uns möglich sein wird, eine demokratische Askese, einen bewußten Verzicht auf vordergründig verfügbare Güter zu erreichen.

Die große Versuchung einer *Friedensethik heute* ist die der Selbstgerechtigkeit. Zu einer solchen Friedensethik gehört durchaus die Begegnung der Weltreligionen; eine Weltversammlung der Christen allein aber läßt sich zum einen schneller herbeiführen und hat den Vorteil, daß sie alle auf ein gemeinsames Buch verpflichtet sind. Zu einer solchen Ethik gehört eine nichtaggressive, konventionelle Verteidigung (darüber ist im vorliegenden Buch bereits einiges gesagt worden); dazu paßt ein Gandhi-Zitat[37]: „Gewaltlosigkeit ist besser als Gewalt, Gewalt ist besser als Feigheit", denn, so Weizsäcker: „Feigheit erzeugt, was sie fürchtet, und vermag die Folgen des eigenen Handelns nicht zu tragen." Die Unfähigkeit, den Krieg zu vermeiden, ist nicht unausweichliche

---

[36] Ebd., S. 89.
[37] Ebd., S. 103.

Folge menschlicher Natur oder Sünde, sondern Folge einer politisch-kulturellen Entwicklung, die an ihr Ende kommt. Die Hoffnung, die Institution des Krieges zu überwinden ist „phantastisch, *weil sie vernünftig ist* und weil die herrschende Verdrängung der Gefahr und Fehlwahrnehmung des jeweiligen Gegners gerade das Vernünftige als unzweckmäßig erscheinen läßt."

Im Schlußteil werden Vorschläge zur Durchführung der Versammlung gemacht. So wird vorgeschlagen, daß die katholische Kirche zusammen mit den im ökumenischen Rat vertretenen *Kirchen* einladen soll. Regionalkonferenzen sollen die Weltversammlung vorbereiten.

16 Thesen fassen den Inhalt des Buches noch einmal zusammen[38]:

„I. Name und Sache
1. Eine Weltversammlung der Christen für Gerechtigkeit, Frieden und Bewahrung der Schöpfung soll einberufen werden.
2. Die Menschheit befindet sich heute in einer Krise, deren katastrophaler Höhepunkt wahrscheinlich noch vor uns liegt, deshalb ist entschlossenes Handeln nötig.
3. Die Krise ist sichtbar in den drei Themenbereichen Gerechtigkeit, Friede, Natur. Es gibt ethisch konsensfähige, politisch realisierbare Forderungen zum Verhalten in diesen Bereichen.
4. In bezug auf die drei Bereiche ist eine Einigung der Christen und eine Übereinstimmung der Weltreligionen möglich und geboten. Eine weltweite politisch wirksame Rechtsordnung ist zu fordern.

II. Gerechtigkeit
1. Kein Friede ohne Gerechtigkeit, keine Gerechtigkeit ohne Frieden. Keine Gerechtigkeit ohne Freiheit, keine Freiheit ohne Gerechtigkeit.
2. Gerechtigkeit meint sowohl Legalität, d. h. nationales und internationales Recht einschließlich der Menschenrechte, wie

---

[38] Ebd., S. 114ff.

soziale Gerechtigkeit, ohne welche dem Armen seine legalen Rechte nichts nützen.

3. Die Versammlung wird konkrete Aussagen über Themen wie Rassismus, Frauenrechte, Gewaltausübung, Arbeitslosigkeit machen wollen und müssen.

4. Eine gemeinsame christliche Sozialethik ist möglich. Eine durchsetzbare Weltordnung ist politisch nötig.

III. Friede

1. Die Zeit ist gekommen, in der die politische Institution des Krieges überwunden werden muß und kann.

2. Die Gefahr eines dritten Weltkrieges ist nicht gebannt. Die nukleare Abschreckung hat uns eine Atempause gewährt. Sie ist moralisch problematisch und bietet keine permanente Gewißheit. Sie hat die über hundert nichtnuklearen Kriege seit 1945 nicht verhindert. Der Friede kann permanent nicht technisch, sondern nur politisch gesichert werden.

3. Die Versammlung muß, wenn sie dazu noch zurecht kommt, eine gemeinsame Politik der Großmächte für Entspannung, Rüstungsabbau, wirtschaftliche und kulturelle Zusammenarbeit dringend fordern.

4. Eine gemeinsame christliche Friedenstheologie wird erstmals seit 1700 Jahren möglich. Politisch verlangt die Überwindung des Krieges als Institution den Verzicht der Staaten auf das Souveränitätsrecht der Kriegführung.

IV. Schöpfung

1. Kein Friede unter den Menschen ohne Frieden mit der Natur. Kein Friede mit der Natur ohne Friede unter den Menschen.

2. Es ist untechnisches Verhalten, alles zu realisieren, was technisch möglich ist. Wir sind heute in der Gefahr, die Existenzbasis der Pflanzen, Tiere und Menschen im Ablauf einiger Jahrzehnte zu zerstören.

3. Die Versammlung wird sich auf Fragen der internationalen Energiepolitik, der Landwirtschaft, des Schutzes der Wälder, zumal in den Tropen, einlassen müssen.

4. Eine Wissenschaft, die sich für ihre Folgen nicht verantwort-

lich weiß, und eine Technik, die nicht bewußt fehlerfreundlich geplant ist, sind moralisch und politisch unreif. Die großen Umweltprobleme müssen im Rahmen einer Weltwirtschaftsordnung behandelt werden."

Weizsäcker beschränkte sich nicht auf eine publizistische Unterstützung dieses großen Projektes. In einem unermüdlichen persönlichen Einsatz führte er Gespräche nicht nur in der Zentrale des Weltkirchenrates in Genf, mit dem Papst und mit der Kurie sowie mit anderen europäischen Kirchenleitungen. Er fuhr auch mit dem Theologen Norbert Greinacher in mehrere südamerikanische Staaten und sprach in den USA mit katholischen und protestantischen Kirchenvertretern.

„Die Zeit drängt" wurde bald in viele Sprachen übersetzt, darunter Englisch, Japanisch, Italienisch, Holländisch, und der konziliare Prozeß begann vor allem in Mitteleuropa großen Schwung zu erhalten. In Deutschland wurde in Stuttgart eine Erklärung dazu veröffentlicht. Im europäischen Rahmen verlief die Entwicklung sehr gut, sie fand einen Höhepunkt mit der Versammlung sämtlicher europäischen Kirchen in Basel.

Zur Weltversammlung christlicher Kirchen wurde für das Frühjahr 1990 nach Seoul eingeladen. Die von Weizsäcker vorgeschlagene Form der Einladung ist leider nicht gewählt worden. Der ökumenische Rat selbst, der keine Kirche ist, sondern in dem nur Kirchen vertreten sind, hat eingeladen. Wenn man nicht behaupten will, daß damit eine Miteinladung durch Rom verhindert wurde, so wurde doch dadurch zumindest der Ausstieg der offiziellen katholischen Kirche überaus erleichtert.

Diese Versammlung in Seoul ist trotz mancher Mängel als wichtiger Meilenstein in diesem konziliaren Prozeß anzusehen. Das schwerwiegendste Versäumnis war die zu kurze Zeit, die der Weltrat der Kirchen für die Weltversammlung angesetzt hatte. Für die zu behandelnden Probleme können wenige Tage nur den Beginn eines Prozesses einleiten, dies aber ist gewiß geschehen.

Die Umwälzung in Osteuropa hat die akute Gefahr eines atomaren dritten Weltkrieges zwischen den Supermächten weitgehend unwahrscheinlich werden lassen, das eigentlich wichtige Nord-Süd-Problem wurde in Seoul überaus deutlich artikuliert.

6 Das Wirken – Versuch eines Ausblicks

Bei einer Persönlichkeit wie Carl Friedrich von Weizsäcker kann der Versuch eines Ausblickes auf sein Wirken dem Leser vielleicht vermessen erscheinen. Für den Verfasser mag erschwerend hinzukommen, daß ihm zu Recht eine mangelnde Distanz vorgehalten werden kann. Denn ihm sind nicht nur die Empfindungen einer langjährigen guten Zusammenarbeit präsent, sondern er bringt darüber hinaus Weizsäcker eine freundschaftliche Verehrung entgegen. Indem dies aber hier freimütig zugegeben wird, hat der Leser leichter die Möglichkeit, das Folgende mit seinen Erfahrungen zu vergleichen, um so zu einem eigenständigen Urteil zu kommen.

Im Jahre 1964 schrieb Weizsäcker[1]: „Ich sah die wissenschaftliche Arbeit in Physik, Philosophie, politischer Theorie (in dieser Dringlichkeitsfolge) als meine Aufgabe vor mir. Auch heute glaube ich, daß ich durch diese Art der Theorie auch politisch nachhaltiger wirke als durch Tagespolitik, so wenig ich das Geschäft der Tagespolitik verachte."

Diese Selbsteinschätzung ist nicht identisch mit dem Bild in der Öffentlichkeit, wo er, nach den Erfahrungen des Autors, „vom Mann auf der Straße" meist zuerst als „Friedensforscher" eingeordnet wird, wogegen man in der Presse meist vom „Philosophen und Physiker" spricht. Beides sind Verkürzungen, die aber einen Teil der Wahrheit erfassen.

Dieses letzte Kapitel soll in einem abermaligen Kreisgang die Stationen berühren, die der Leser im Buch durchlaufen konnte: Das Forschen, das Philosophieren, den Glauben und das öffentliche Handeln.

Blicken wir auf die Physik:

Mit seinen grundlegenden Arbeiten zur Energieerzeugung in der Sonne und zur Entwicklung des Planetensystems machte sich der junge Wissenschaftler einen Namen in der Fachwelt. Wie steht es aber heute um sein zentrales Forschungsthema?

In seinem Buch „Der Teil und das Ganze" berichtet Werner Heisenberg von einem Gespräch[2], an dem auch Carl Friedrich

---

[1] Der bedrohte Friede, S. 196
[2] Werner Heisenberg: Der Teil und das Ganze, S. 286 ff.

v. Weizsäcker teilnahm und in dessen Verlauf er ihn dann ansprach:

„‚Du möchtest also‘, fügte ich ein, ‚die Elementarteilchen, und damit schließlich die ganze Welt, in der gleichen Weise aus Alternativen aufbauen, wie Plato seine regulären Körper und damit auch die Welt aus Dreiecken aufbauen wollte. Die Alternativen sind ebensowenig Materie wie die Dreiecke in Platos ‚Timaios‘. Aber wenn man die Logik der Quantentheorie zugrunde legt, so ist die Alternative eine Grundform, aus der kompliziertere Grundformen durch Wiederholung entstehen. Der Weg sollte also, wenn ich dich richtig verstanden habe, von der Alternative zu einer Symmetriegruppe, das heißt zu einer Eigenschaft führen; die Darstellenden einer oder mehreren Eigenschaften sind die mathematischen Formen, die die Elementarteilchen abbilden; sie sind sozusagen die Ideen der Elementarteilchen, denen dann schließlich das Objekt Elementarteilchen entspricht. Diese allgemeine Konstruktion ist mir durchaus verständlich. Auch ist die Alternative sicher eine sehr viel fundamentalere Struktur unseres Denkens als das Dreieck. Aber die exakte Durchführung deines Programms stelle ich mir doch außerordentlich schwierig vor. *Denn sie wird ein Denken von so hoher Abstraktheit erfordern, wie sie bisher, wenigstens in der Physik, nie vorgekommen ist.* Mir wäre das sicher zu schwer. Aber die jüngere Generation hat es ja leichter, abstrakt zu denken. Also solltest du das mit deinen Mitarbeitern unbedingt versuchen.‘“

Heisenberg erzählt dann weiter, wie an dieser Stelle des Gespräches seine Frau einen Einwand vorbrachte:

„Hier schaltete sich Elisabeth in das Gespräch ein, die von ferne zugehört hatte: ‚Glaubt ihr denn, daß ihr die junge Generation für solche schwierigen Probleme interessieren könnt, die den großen Zusammenhang betreffen? Wenn ich von dem ausgehe, was ihr gelegentlich von der Physik in den großen Forschungszentren hier oder in Amerika erzählt, so sieht es doch so aus, als ob sich das Interesse gerade bei der jüngeren Generation fast nur den Einzelheiten zuwendet, als ob die großen Zusammenhänge beinahe einer Art von Tabu unterliegen. Man soll von ihnen nicht sprechen. Könnte es hier nicht so gehen, wie im ausgehenden Altertum mit der Astronomie, als man sich durchaus damit begnügte, die nächsten Sonnen- und Mondfinsternisse mit überlagerten Zyklen und Epizyklen auszurechnen, und das heliozentrische Planetensystem des Aristarch darüber vergaß? Könnte es nicht geschehen, daß das Interesse für eure allgemeinen Fragen völlig erlischt?'"

Ich habe mir erlaubt, eine Stelle in Heisenbergs Text hervorzuheben, die für Weizsäckers Wirkung in der Physik von exemplarischer Bedeutung ist. Sein Konzept von einer neuen Physik ist auf den ersten Blick offenbar nicht mathematisch kompliziert, sondern, wie Heisenberg richtig bemerkt, hoch abstrakt in einem philosophischen Sinne. Die mathematischen Schwierigkeiten werden sich sicherlich noch in hinreichendem Maße einstellen, wenn entsprechend deutlich geworden sein wird, welche Methoden die erfolgreichsten für seine Bearbeitung sein können. Dann erst wird es auch genügend Kollegen geben, die Vergnügen und Interesse an einer Mitarbeit finden werden; denn – so die heute verbreitete Meinung – gute Mathematik bleibt in jedem Fall erhalten und ist ein Wert an sich. Dies ist vor allem dann wichtig, wenn man das zugehörige physikalische Konzept nicht selbst entwickelt hat und wenn man somit skeptischer ist, ob es die Erwartungen auch erfüllt. Weizsäcker paßt sich diesem modernen, vielleicht „angelsächsischen" Trend nicht an. Er teilt sehr wohl die Meinung, daß die Mathematik „ein großes Stück weit für uns denkt", aber nur innerhalb eines geltenden Paradigmas. Dieses aber, so seine Überzeugung, ist erst noch abzulösen. Und für diese – unmodische – Aufgabe sucht er Mitarbeiter.

Als Weizsäcker im Jahre 1986 an einer Aristoteles-Tagung in Heidelberg teilnahm, war ein Nachmittag für ein Podiumsgespräch mit einem Physiker-Kollegen über sein Buch „Aufbau der Physik" vorgesehen. Dieser begann:

„Herr v. Weizsäcker, Sie schreiben im Vorwort Ihres Buches, daß es Ihnen leider nicht gelungen sei, die Neugier Ihrer Kollegen zu wecken.

Dies ist nicht wahr!

Wir sind sehr wohl neugierig, was *Sie* mit Ihrer Theorie herausbringen werden, welche Ergebnisse *Sie* finden können. Aber das, was Sie von Ihren Kollegen in Wirklichkeit wollen, ist doch: ‚Verlasse Weib und Kind und folge mir nach!' "

In klaren Worten hat der Kollege hier ausgedrückt, was die Aufforderung zu einem Paradigmenwechsel bedeutet – vor allem an Unsicherheit, denn vor dem Ergebnis bleibt der mögliche Erfolg immer ungewiß. Die Nichtphysiker unter den Lesern mag es vielleicht trotzdem verwundern, wenn sie erfahren, daß das im „Aufbau der Physik" entwickelte Forschungsprogramm bisher an keiner deutschen Hochschule oder einer anderen Forschungseinrichtung weitergeführt worden ist. Die Deutsche Forschungsgemeinschaft und danach die Firma Bosch über den Stifterverband der deutschen Wissenschaft haben nach der Schließung des Starnberger Instituts noch eine Zeitlang dafür Mittel zur Verfügung gestellt, aber seitdem haben sich keine weiteren Mäzene für diese interessante Aufgabe gefunden.

Weizsäckers erkenntnistheoretisch orientierte Arbeiten über die Grundlagen der Naturwissenschaften sind sicherlich sein bedeutsamster Beitrag in der Geschichte der Wissenschaften. Seine Stärke dabei ist die *inhaltliche* Durchdringung der Probleme, weniger langwierige formale Rechnungen. Die Revolution der Physik, die im Anfang unseres Jahrhunderts begonnen hatte, ist noch nicht am Ziel. Zu ihrer Vollendung bedarf es des philosophischen Fragens und nicht nur eines „Puzzle-solving" im Sinne von Thomas Kuhns „normal science". Die Beiträge, die Weizsäcker zu diesem wissenschaftlichen Prozeß geliefert hat, werden ihre Wirkung nicht verfehlen.

Der Aufbau der Quantentheorie als eine Theorie der Information und die Verkopplung dieses als fundamental angesehenen physikalischen Begriffs mit anderen Schlüsselbegriffen der Physik, wie Teilchen, Wechselwirkungskräfte und Kosmologie hat eine gewaltige physikalische und philosophische Bedeutung. Es ist Weizsäckers bleibendes Verdienst, den Weg zu einer solchen Theorie eröffnet zu haben. So wie die physikalische Behandlung des schwarzen Strahlers durch Max Planck das Fundament für die Verbindung von Quantentheorie und Elektrodynamik gelegt hat, so wird die Vereinigung von Quantentheorie und Gravitations-theorie über die Physik der Schwarzen Löcher vor sich gehen. Dazu wird Weizsäckers Konzept des Urs einen entscheidenden Beitrag liefern können.

Weizsäckers Gedanken ermöglichen die Öffnung der Physik zu einer umfassenderen Sicht der Wirklichkeit, unbehindert durch die Scheuklappen eines zu unreflektierten und zu plumpen Materialismus, der nicht nur geistig sondern auch auf der materiellen Ebene Konkurs anmelden mußte.

Weizsäckers Philosophie ist nicht von seinem Verständnis der Physik zu trennen. Dies mag möglicherweise die Rezeption durch die Fachphilosophen behindern, insofern sie noch nicht die Erkenntnisse der neuen Naturwissenschaft nachvollziehen können. Auch der Versuch einer Vereinfachung, der im vorliegenden Buch unternommen wurde, wird durch diesen Zusammenhang erschwert.

Als Physiker und Staatsbürger hat sich Weizsäcker aktiv in die politischen Auseinandersetzungen eingemischt. Aus politischer Absicht, um eine größere Wirkung erzielen zu können, ist er selbst keiner politischen Partei beigetreten. Da er die Politik aber nie als Broterwerb angesehen hat, konnte er sich das leisten. Dies hat aber andererseits dazu geführt, daß er – ohne „Stallgeruch" – nie in aussichtsreichen Fällen für ein politisches Amt vorgeschlagen wurde. Es ist trotzdem sicherlich nicht zu viel behauptet, wenn man feststellt, daß Carl Friedrich v. Weizsäcker das geistige und auch das politische Leben – nicht nur in Deutschland – wesentlich mitbestimmt hat.

Eine gewisse Tragik besteht darin, daß das Problembewußtsein und die Bereitschaft, sich den wesentlichen Problemen auch zu stellen, sowohl bei den aktiven Politikern als auch bei einem Großteil unserer Gesellschaft seinen Erkenntnissen um Jahre hinterherhinkt. Besonders deutlich sichtbar wurde dies bereits am Beispiel der Rüstungspolitik, wo erst etwa 10 Jahre nach Schließung des Starnberger Institutes die dort in der Gruppe von Horst Afheldt ausgearbeiteten Konzepte ins politische Bewußtsein der Verantwortlichen rücken.

Ein Resümee der Starnberger Zeit zog Weizsäcker selbst zu seinem 70. Geburtstag[3]: „Als ich 60 war, hatte das moralische Gesetz mich eingeholt. Ich war nicht mehr Philosophiedozent, sondern leitete ein Institut für Lebensbedingungen. Ein zum äußeren Scheitern verurteiltes Unternehmen. Ich danke der Max-Planck-Gesellschaft aufrichtig, daß sie das Institut ermöglicht und, solange ich Direktor war, gedeckt hat. Ich danke ganz besonders den Mitarbeitern, die mit mir das Abenteuer gewagt haben. Je tiefer wir die wahre politische Situation erkannt, je offener wir sie ausgesprochen hätten, desto mißliebiger wären wir geworden. Das war vorherzusehen und durfte uns nicht schrecken. Tiefer schmerzt mich der Grad des inneren Scheiterns. Wir haben zu wenig die wahre Situation erkannt. Ich nehme die Schuld für diese Mängel willig auf mich; der Chef ist verantwortlich. Aber wäre ich noch einmal in der selben Lage, ich würde, besser belehrt, doch noch einmal anfangen."

Weizsäckers politisches Handeln war stets bestimmt durch seine inneren ethischen Maßstäbe. Als Wissenschaftler, der die reine Erkenntnis suchte, fühlte er sich für die erwarteten und unerwarteten praktischen Folgen seines Tuns stets verantwortlich.

Wenn man den Versuch eines Ausblickes wagen will, so ist folgendes zu vermuten: Die von ihm gesetzten Maßstäbe werden im Blick auf die moralische Verantwortung der Wissenschaftler für die Folgen ihrer Wissenschaft in Zukunft noch wichtiger sein, als sie es heute schon sind. Er hat oft darauf hingewiesen, daß wir nicht in der Lage sind, aus der wissenschaftlich-technischen Entwicklung auszusteigen, ohne das Überleben des größten Teiles der Menschen aufs Spiel zu setzen. Wenn dem aber so ist, dann aber ist es überlebensnotwendig für alle, daß vor allem diejenigen, welche diese Entwicklung beeinflussen und verstehen, die möglichen Auswirkungen noch mehr als bisher bedenken und bekannt machen.

Um auf dem Weg zu diesem Ziel eine möglichst breite Unterstützung zu finden, hat Weizsäcker versucht, die Christen zu aktivieren, zu denen er selbst gehört und die auf die Nächstenliebe als

---

[3] Wahrnehmung der Neuzeit: Notiz zum 70. Geburtstag, S. 345 f.

einen ihrer wichtigsten ethischen Grundwerte verpflichtet sind. Die Idee eines Konzils des Friedens hatte in Europa im Schatten der Nachrüstungsdebatte und der drohenden Gefahren eines atomaren Wettrüstens eine großen Nachhall gefunden. Dies war von Beginn an nicht so in den Ländern der Dritten Welt. Hier wurde die unerträgliche Ausbeutung durch den Norden, der als Ganzes wahrgenommen wurde, als *das* Problem empfunden. Weizsäcker hat stets darauf hingewiesen, daß der Ost-West-Konflikt überflüssig und lösbar sei, der Nord-Süd-Konflikt aber die eigentliche moralische und intellektuelle Herausforderung unserer Zeit darstelle. Die Transformation des Ost-West-Konfliktes durch die Umwälzungen in Osteuropa in den letzten Jahren ist auch von ihm nicht vorhergesehen worden. Die Öffentlichkeit in Europa aber ist von der neuen Situation auf unserem eigenen Kontinent zur Zeit so absorbiert, daß die außereuropäischen Konflikte nur undeutlich wahrgenommen werden.

Auch wenn auf der – von den Kirchenleitungen mit nur einer Woche leider viel zu kurz angesetzten – ersten Tagung des konziliaren Prozesses, auf der „Weltversammlung der Christen für Gerechtigkeit, Frieden und Bewahrung der Schöpfung" im März 1990 in Seoul noch nicht alle erhofften Resultate erzielt wurden, so besteht doch kein Grund zur Resignation. Das eigentliche politische Hauptproblem der kommenden Zeit, der Nord-Süd-Konflikt, ist noch nie mit einer solchen Prägnanz dargestellt worden. Weizsäckers bleibendes Verdienst am Zustandekommen des konziliaren Prozesses wird in Zukunft noch deutlicher werden. Er hat ganz wesentlich mitgeholfen, einen Grundstein für eine mögliche Lösung der Probleme zu legen.

Eine weltweit wahrgenommene Würdigung seiner Verdienste als Christ und als Wissenschaftler ist durch die Verleihung des Templeton-Preises erfolgt.

Der Schluß dieses Buches wird geschrieben in einem Gästezimmer im DESY, dem Deutschen Elektronen – Synchrotron in Hamburg. Der Verfasser trifft sich hier mit Weizsäcker, um mit ihm und hiesigen Kollegen über den Fortgang unserer physikalischen Forschung zu sprechen.

Um darzustellen, wie der „Ruhestand" eines kurz vor seinem 80. Geburtstag stehenden Gelehrten auch aussehen kann, soll Weizsäckers Programm für die vergangenen zweieinhalb Wochen im Umriß geschildert werden: Sie begannen mit einer einwöchigen Tagung über eine Woche in Heidelberg über den Philosophen Ernst Cassierer, über den ein Vortrag zu halten war. Von dort ging es für die nächste Woche zu einer Tagung an der päpstlichen Akademie der Wissenschaften in Rom über „Naturwissenschaft und Religion und ihre Beziehungen zur Kultur". Während in Heidelberg französisch und deutsch gesprochen wurde, waren die Tagungssprachen in Rom französisch und englisch. Da Weizsäcker sich manchmal im Scherz als katholischen Theologen bezeichnet (er ist Ehrendoktor der katholisch-theologischen Fakultät der Universität in Tübingen), konnte er behaupten, daß dort nur katholische Theologen anwesend waren. Auch in Rom wurde ein Vortrag zum Tagungsthema aus philosophischer und physikalischer Sicht erwartet – und natürlich auch gehalten. Der Veranstaltung in Rom schloß sich nahtlos eine „Schirmherrschaft" in Hamburg anläßlich einer Tagung mit dem Dalai Lama an. Hier ging es um „Frieden für die Welt – Frieden für Tibet", ein Thema, das angesichts der Entwicklung in den baltischen Staaten, von woher der Dalai Lama gerade kam, aber auch angesichts der Situation im heutigen China und Tibet und im ehemaligen Jugoslawien von brennender Aktualität für die Welt ist. Vom Schirmherrn wurden nur kleinere Reden erwartet. Es sei eine sehr gute Begegnung gewesen, sagte er, und nun – diesmal ohne Flug – folgt eine Fortsetzung am DESY.

Diese Tage zeigen das Leben und die Aktivitäten des Gelehrten wie in einem Brennglas zusammengefaßt: Philosophie und Physik, Theologie und Begegnung mit anderen Religionen, Fragen der Welt und des Friedens für die Welt, und wieder die Physik.

7 Bibliographie

7.1 Bücher von C. F. v. Weizsäcker

Die Atomkerne, S. Hirzel, Leipzig 1937.
Zum Weltbild der Physik, S. Hirzel Leipzig, 1943.
Die Geschichte der Natur, S. Hirzel Stuttgart 1949.
Zum Weltbild der Physik, 7., erw. Aufl. S. Hirzel Stuttgart 1957.
Die Tragweite der Wissenschaft, 1. Band, S. Hirzel, Stuttgart 1964.
Die Einheit der Natur, Hanser, München 1971.
Wege in der Gefahr, Hanser, München 1976.
Der Garten des Menschlichen, Hanser, München 1977.
Deutlichkeit, Hanser, München 1978.
Diagnosen, Hanser, München 1979.
Der bedrohte Friede, Hanser, München 1981.
Wahrnehmung der Neuzeit, Hanser, München 1983.
Aufbau der Physik, Hanser, München 1985.
Die Zeit drängt, Hanser, München 1986.
Bewußtseinswandel, Hanser, München 1988.
Die Tragweite der Wissenschaft, 6., erw. Aufl., S. Hirzel Verlag, Stuttgart
    1990.
Der Mensch in seiner Geschichte, Hanser, München 1991.

Dieses letzte Buch ist gedacht als Hin- und Einführung in das zweibändige phi-
    losophische Werk:
Zeit und Wissen, erscheint 1992 bei Hanser.

Mit Gopi Krishna:
Biologische Basis der Glaubenserfahrung, München – Bern. O. W. Barth 1971.

Mit Pinchas E. Lapide:
Die Seligpreisungen, ein Glaubensgespräch,
Calwer Verlag, Stuttgart, Kösel, München 1980.

7.2 Bücher aus dem Umkreis von Weizsäckers Themen

In der Auseinandersetzung mit den politischen Folgen der Atomwaffen ent-
stand eine Studie der VDW, die C. F. v. Weizsäcker zusammen mit H. Afheldt,
A. Künkel, A. Pfau, E. Rahner, K. Rajewski, U. P. Reich, H. Roth und
Ph. Sonntag verfaßte:
C. F. v. Weizsäcker (Hrsg.): Kriegsfolgen und Kriegsverhütung, Hanser, Mün-
    chen 1971.

Horst Afheldt hat in Hamburg und später in Starnberg mehrere Jahrzehnte
über die verteidigungspolitischen Fragen gearbeitet. Er hat in diesen vielen Jahren der Forschung das Konzept der defensiven Verteidigung entwickelt und
ausgearbeitet, das jetzt nach so langer Zeit endlich auch in das Bewußtsein der
verantwortlichen Politiker Einzug hält:

Horst Afheldt: Verteidigung und Frieden, Politik mit militärischen Mitteln, Hanser, München 1976.
Defensive Verteidigung, Rowohlt, Reinbeck bei Hamburg 1983.
Atomkrieg, das Verhängnis einer Politik mit militärischen Mitteln, Hanser, München 1984.

Hierzu gehören auch
E. Spannochi und G. Brossollet: Verteidigung ohne Schlacht, Hanser, München 1976.

Eine Auseinandersetzung verschiedener Autoren mit den in „Die Zeit drängt" aufgeworfenen Fragen ist abgedruckt in:
Das Ende der Geduld, Hanser, München 1987.

Die in Kapitel 3.4 zitierte Arbeit von
Peter Plaas: Kants Theorie der Naturwissenschaft, Vandenhoeck & Ruprecht, Göttingen 1965.

Andere wichtige erkenntnistheoretische Arbeiten sind die Dissertationen von Weizsäckers Schülern
Klaus Michael Mayer-Abich: Korrespondenz, Individualität und Komplementarität, Steiner, Wiesbaden 1965.
Dorothea Frede: Aristoteles und die Seeschlacht, Vandenhoeck & Ruprecht, Göttingen 1970.
Stefan Welzk: Die Einheit der Erfahrung, Hanser, München 1976.

Die Habilitation von Michael Drieschner, die aber mehr für die Fachwelt bestimmt ist, gibt eine breite Darstellung der Gedanken der Weizsäckerschen Schule über die Grundlagen der Quantentheorie bis etwa zum Jahre 1978:
Michael Drieschner: Voraussage – Wahrscheinlichkeit – Objekt, Springer Lecture Notes in Physics Nr. 99, Springer, Berlin – Heidelberg – New York 1979.

7.3 Bücher über C. F. v. Weizsäckers Philosophie

Von Mathias Schüz gibt es eine philosphische Doktorarbeit über Weizsäckers Philosophie:
Mathias Schüz: Die Einheit des Wirklichen, Carl Friedrich von Weizsäckers Denkwege, Neske, Pfullingen 1986.

7.4 Bücher über die Weizsäcker-Familie

Martin Wein: Die Weizsäckers, Geschichte einer deutschen Familie, Deutsche Verlagsanstalt, Stuttgart 1988.

7.5 Bücher über die Kernwaffenentwicklung

Hierzu kann empfohlen werden das Buch von
Jost Herbig: Kettenreaktion, Hanser, München 1976.

7.6 Weitere verwendete Bücher

Werner Heisenberg: Der Teil und das Ganze, Piper, München 1969.
Otto Hahn: Leben und Werk in Texten und Bildern, Insel, Frankfurt a. M.
1988, it 1089.

7.7 Artikel Weizsäckers in Fachzeitschriften zur Physik

Weizsäcker, C. F. v.: Zur Theorie der Kernmassen, in: Zeitschr. für Physik *96*
(1935) 431–458.
Weizsäcker, C. F. v.: Über Elementumwandlungen im Inneren der Sterne, I,
in: Physikal. Zeitschr. *38* (1937) 176–191.
Weizsäcker, C. F. v.: Über Elementumwandlungen im Inneren der Sterne, II,
in: Physikal. Zeitschr. *39* (1958) 633–646.
Weizsäcker, C. F. v.: Kernumwandlung als Quelle der Sternenergie, in: Ver-
handl. der Deutsch. Phys. Ges., Reihe 3 (20) (1939) 2–4.
Weizsäcker, C. F. v.: Der zweite Hauptsatz und der Unterschied von Vergan-
genheit und Zukunft, in: Ann. d. Phys., *36* (1939) 275, abgedruckt in: Die
Einheit der Natur, Hanser, München 1971.
Weizsäcker, C. F. v.: Zur Deutung der Quantenmechanik, in: Zeitschr. für
Physik *118* (1941) 489–509.
Weizsäcker, C. F. v.: Die Physik der Gegenwart und das physikalische Welt-
bild, in: Naturwiss. *29* (1941) 185–194, abgedruckt in: Zum Weltbild der
Physik, S. Hirzel, Leipzig 1943.
Weizsäcker, C. F. v.: Die Unendlichkeit der Welt, in: Zum Weltbild der Phy-
sik, S. Hirzel, Leipzig 1943.
Weizsäcker, C. F. v.: Die Entstehung des Planetensystemes, in: Naturwiss. *33*
(1946) 8–14.
Weizsäcker, C. F. v.: Komplementarität und Logik I, in: Naturwiss. *42* (1955)
521–529, 545–555.
Weizsäcker, C. F. v.: Komplementarität und Logik II, in: Zeitschr. f. Natur-
forsch. *13a* (1958) 245.
Scheibe, E., Süssmann, G., Weizsäcker, C. F. v.: Mehrfache Quantelung, Kom-
plementarität und Logik III, Zeitschr. f. Naturforsch. *13a* (1958) 705.
Weizsäcker, C. F. v.: The Unity of Physics, in: Quantum Theory and Beyond,
T. Bastin, ed. University Press, Cambridge 1971.
Weizsäcker, C. F. v.: A. Comment to Diracs's Paper, in: The Physicist's Con-
ception of Nature, J. Mehra, ed. Reidel, Dordrecht 1973.
Weizsäcker, C. F. v.: Classical and Quantum Descriptions, in: The Physicist's
Conception of Nature, J. Mehra, ed. Reidel, Dordrecht 1973.
Weizsäcker, C. F. v.: Technisches zum Stopfen und Rupfen, Interner Bericht,
MPI Starnberg 1977.

Weizsäcker, C. F. v.: Programm zur Urtheorie, Interner Report, Starnberg 1978.

Weizsäcker, C. F. v.: Quantum Theory and Space-time, in: P. Lathi and P. Mittelstaedt (Eds.): Symp. on the Foundations of Modern Physics, Joensuu (1985); World Scientific.

Weizsäcker, C. F. v.: Reconstruction of Quantum Theory, in: L. Castell and C. F. v. Weizsäcker (eds.): Quantum Theory and the Structures of Space and Time VI, Hanser, München 1986.

Görnitz, Th., Weizsäcker, C. F. v.: De-Sitter Representations and the Particle Concept in an Ur-Theoretical Cosmological Model, in: Barut, A. O., Doebner, H. D. (Eds.): Conformal Groups and Related Symmetries, Physical Results and Mathematical Background, Lect. Notes in Physics 261, Springer, Berlin – Heidelberg – New York 1986.

Drieschner, M., Görnitz, Th., Weizsäcker, C. F. v.: Reconstruction of Abstract Quantum Theory, in: Intern. Journ. Theoret. Phys. 27 (1987) 289–306.

Görnitz, Th., Weizsäcker, C. F. v.: Remarks on S. Kochen's Interpretations of Quantum Mechanics, in: P. Lathi and P. Mittelstaedt (Eds.): Proc. of the Symposium on the Foundations of Mod. Phys., Joensuu 1987, World Scientific.

Görnitz, Th., Weizsäcker, C. F. v.: Quantum Interpretations, in: Intern. Journ. Theoret. Phys. 26 (1987) 921.

Görnitz, Th., Weizsäcker, C. F. v.: Copenhagen and Transactional Interpretations, in: Intern. Journ. Theoret. Phys. 27 (1988) 237–250.

Görnitz, Th., Weizsäcker, C. F. v.: Über Heisenbergs Spinorfeldtheorie und die Trivialität der Urhypothese, in: Heinrich Saller (Hrsg.): Erkenntnis und Engagement, Festschrift für Hans-Peter Dürr, München 1989.

Weizsäcker, C. F. v., Görnitz, Th.: Quantum Theory as a Theory of Human Knowledge, in: P. Lathi and P. Mittelstaedt (Eds.): Symp. on the Foundations of Modern Physics, Joensuu 1990, World Scientific.

Weizsäcker, C. F. v., Görnitz, Th.: Quantum-Realistic Interpretation, in: Found. of Physics 21 (1991) 311–321.

Görnitz, Th., Weizsäcker, C. F. v.: Steps in the Philosophy of Quantum Theory, in: J. Hennig, W. Lücke, J. Tolar (Eds.): Differential Geometry, Group Representations, and Quantization, in: Lect. Notes in Physics 379, Springer, Berlin – Heidelberg – New York 1991.

Görnitz, Th., Ruhnau, E., Weizsäcker, C. F. v.: Temporal Asymmetry as Precondition of Experience – the Foundation of the Arrow of Time, in: Intern. Journ. Theoret. Phys. 31 (1992) 37–46.

Görnitz, Th., Graudenz, D., Weizsäcker, C. F. v.: Quantum Field Theory in the Framework of Quantized Binary Alternatives, in: Intern. Journ. Theoret. Phys. 31 (1992).

Natur – Schöpfung – Wissenschaft

Carl Friedrich von Weizsäcker
Die Sterne sind glühende Gaskugeln und Gott ist gegenwärtig
Über Religion und Naturwissenschaft
Herausgegeben von Thomas Görnitz
Band 4077
Der große Physiker und Philosoph fordert einen radikalen
Bewußtseinswandel.

Christine von Weizsäcker / Elisabeth Bücking (Hrsg.)
Mit Wissen, Widerstand und Witz
Frauen für die Umwelt. Portraits
Band 4093
In allen Teilen der Welt kämpfen engagierte Frauen für die Umwelt.

Eugen Drewermann
Der tödliche Fortschritt
Von der Zerstörung der Erde und des Menschen im Erbe des
Christentums
Band 4032
Eine erschreckende Bilanz – zugleich ein Plädoyer für ein neues
Menschenbild.

Gerd Michelsen
Unsere Umwelt ist zu retten
Was ich gewinne, wenn ich mein Verhalten ändere
Band 4035
Es ist fünf vor zwölf. Aber es gibt noch Chancen für die Umwelt ...

Lexikon Medizin, Ethik, Recht
Darf die Medizin, was sie kann?
Information und Orientierung
Hrsg. von Albin Eser, Markus von Lutterotti und Paul Sporken
Band 4073
Medizintechnik bedroht die Menschenwürde. Jeder kann betroffen sein.

HERDER / SPEKTRUM